Claudia Siebert
Moskau ist anders

Claudia Siebert

MOSKAU IST ANDERS

Über Stöpsel, Brotkanten und das Leben an sich

Claassen

Dieses Buch widme ich
meinem Freund Matze Rehbein
(gestorben am 11. Juni 1992 in Moskau)

Die Deutsche Bibliothek – CIP-Einheitsaufnahme

Siebert, Claudia:
Moskau ist anders:
über Stöpsel, Brotkanten und das Leben an sich
Claudia Siebert.
Hildesheim: Claassen, 1994
ISBN 3-546-00088-9

2   3   4   5   98   97   96   95
Copyright © 1994 Claassen Verlag GmbH, Hildesheim
Alle Rechte vorbehalten
Gesamtherstellung durch Ebner, Ulm
ISBN 3-546-00088-9

Abbildung Seite 2:
Rosenverkäuferin im russischen Winter.
Die brennenden Kerzen sollen die Blumen vorm Erfrieren
bewahren. (Michail Metzel)

Inhalt

Der Stöpsel

Zur Grundausstattung unserer Moskauer Miet-
wohnung gehören vier Wände pro Zimmer, Dek-
ke und Fußboden. Fenster und Türen? Ja, nur sie
schließen nicht. Das ist alles.

Der Wasserhahn ist defekt, die Kacheln sind
lose, fast alles muß man besorgen. Das kann hier
Nerven kosten!

Mir fehlt zum Beispiel ein einfacher Badewannenstöpsel.

Als kapitalistisch erzogener Mensch denke
ich: Kaufen!

Weil Sergej mich erst nicht richtig versteht,
schaue ich im Wörterbuch nach: *propka*. *Nusch-
na propka*, ich brauche einen Stöpsel. Komm
Junge, wir gehen einkaufen. Habt ihr sowas wie
'nen Baumarkt?

Sergej hatte vor mir noch nie mit Ausländern
zu tun. Sein Freund Valeri hat ihm den Job ver-
mittelt: Er soll vier Wochen eine Deutsche in
Moskau herumfahren, bis sie einigermaßen zu-
rechtkommt.

Daß er dabei auf den kompletten Wahnsinn
treffen würde, hat ihm keiner gesagt. Also stellt

er sich erstmal taub und spielt weiter mit unserm Baby.

Ich sage: „Sergej, ich brauche einen Badewannenstöpsel. Meine Kinder sind dreckig, und ich kann sie nicht baden."

Nach einer halben Stunde Palaver – ich kann noch kaum Russisch, er wenig Englisch – kommt folgende Aussage Sergejs zustande: „Hier in Rußland kann man keinen Stöpsel kaufen, hier muß man einem Stöpsel begegnen. Und das braucht seine Zeit, versteht sich." Ich bleibe stur, sage: „Sergej, was man will, das schafft man auch. Moskau ist eine riesige Stadt mit zehn Millionen Einwohnern. Lieber Gott, da wird es doch irgendwo einen miesen kleinen Stöpsel geben."

Wir gehen in Kaufhäuser, in kleine Geschäfte, suchen auf Schwarzmärkten, Rempelmärkten, in Berioskas. In ... ich weiß nicht, wo noch. Stunde um Stunde geht dahin. Sergej wagt einmal zu sagen, die Sonne scheine so schön, wir könnten doch mit den Kindern in den Park – nix da, *propka*.

Ganz zuletzt kommen wir in ein finnisch–russisches Joint Venture. Ein vollgestopfter Laden mit teuren Möbeln und Lampen. Alles nur gegen Dollar zu haben. Die haben einen Stöpsel! Ich denke, ich werde verrückt. Ob ich diesen Stöpsel denn eventuell auch kaufen könne, frage ich, vorsichtig geworden.

„Ja", den Stöpsel kann ich kaufen, sagt die Frau. Es gäbe da allerdings eine kleine Bedingung: die dazugehörige Wanne müsse ich mitkaufen.

Sergej findet das gar nicht so schlecht. „Irgendwann", sagt er, „braucht jemand eine Badewanne. Und natürlich wird er warten, bis ihm diese Badewanne begegnet. Denn so macht man das in Rußland." Und dieser Jemand findet seine Badewanne schließlich bei mir auf dem Balkon! Das sei doch klasse. *Eta kaif, ili njet?* *Wot, daswedanja.*

Das Telefon

Palaver und Getue, drei Wochen hin und her. Mein Mann und sein Büro tun alles Mögliche. Trotzdem kriegen wir kein Telefon. Keine Chance. In Wochen oder Monaten vielleicht, aber ganz sicher nicht jetzt.

Selbst die schlaue Natascha, die hier auf alles eine Antwort weiß, der man nichts vormachen kann, die alles schafft, für die selbst Tschernomyrdin einen Kopfstand machen würde, sagt: „Vergeßt es. Keine Chance." Da helfe nur warten.

Ich will aber eins! Wenn ich schon hier wohnen muß, im Hochhaus, oft allein, dann wenigstens mit Telefon. Kann noch kein Russisch. Wo kommwer denn da hin? Ich war mal wieder so richtig gut drauf, also laß ich mir die Adresse des Mannes geben, der für Telefone mit internationalem Anschluß zuständig ist. Wasche mir die Haare, ziehe ein feines Kostüm an, schminke und biege an mir rum, bis alles stimmt. Packe das Baby ins Körbchen, nehme Moritz an die Hand und fahre samt Dolmetscherin in das Büro dieses Herrn.

Er sieht nicht schlecht aus. Dunkle Haare, mitteljung, braune sentimentale Bärenaugen. Überhaupt kein Apparatschik–Typ. Meine Taktik ist eine Mischung aus Anmache, Mutterleid und Korrespondentenfrau.

„Man stelle sich vor, der Kreml brennt, und man kann meinen Mann nicht erreichen ...“ Er reagiert nicht.

„Ich weiß auch gar nicht, wie es meiner Mutter geht ...“

Er schaut kurz hoch.

„Und wenn meinem Baby was passiert, wie soll ich einen Arzt erreichen...?“ Er macht: „Hm.“

Jetzt sagt Moritz, vier Jahre alt, er müsse mal. Die Dolmetscherin kann nicht mit kleinen Jungs, und das Baby beginnt plötzlich zu schreien, ich muß es trösten.

Also steht Bärenauge auf und geht doch glatt mit Moritz auf's Klo. Hose runter, Hose hoch. Als die beiden wieder zurück sind, sagt der Mann: „Sie bekommen Ihr Telefon.“

Er sucht im Aktenschrank seiner Kollegin unseren Antrag heraus, unterschreibt ihn, stempelt dreimal und fertig. „Dankeschön.“ Ich lächle Bärenauge an. „Aber ich habe keinen Stecker in der Wohnung für den Apparat. Braucht man sowas?“

„Ja. Also auch noch einen Techniker. Gut.“

Er ruft einen aus dem Nebenzimmer. Den

Mann könne ich gleich mitnehmen, der würde meinen Telefonapparat anschließen, noch heute.

„So", ich lächle Bärenauge weiter an, „aber ich hab gar keinen Apparat. Wo kriegt man denn hier sowas?"

Jetzt strapaziere ich ihn wirklich, er seufzt genervt, schließt aber seinen Schreibtisch auf und verkauft mir ein jugoslawisches Telefon.

Viele Wochen später kommt die Rechnung. Bärenauge kann nichts dafür, aber ich bin ja fast eingekracht. Für so'n läppischen internationalen Anschluß müssen wir 4 339, 38 Dollar bezahlen. Viertausenddreihundertneununddreißigundachtunddreißig.

Warum? Wozu? Von dem Geld kann ich hier in Rußland meine Stromrechnung von vor Christi Geburtstag bis heute bezahlen.

Wie kommt ausgerechnet so eine Summe zustande? Letztes Jahr kostete das Gleiche für Ausländer dreihundert irgendwas. Warum jetzt über viertausend Dollar?

Ich glaube, da sitzt einer in einem Büro, dem man gesagt hat: So, nu denk dir mal eine neue Zahl aus. Und er denkt und überlegt und malt auf und probiert und schließlich, nach vielen Wochen, präsentiert er 4 339,38 Dollar. Donnerwetter, rufen alle. Vierstellig. Was für eine Innovation! Welche Kreativität! Hurra! Beförderung! Und er kriegt auch noch einen Orden verpaßt. *Eta totschna tak.*

Sockenfach und Brotkante

Olga Alexandrowna ist fünfzig Jahre alt, eine Perle von Mensch mit stattlichem Körperbau und weißrussischer Seele. Sie stammt aus Minsk, das betont sie oft, also muß es sehr wichtig sein.

Sie verwöhnt unsere Kinder viel zu sehr und weint, wenn wir über die Vergangenheit, die Gegenwart oder die Zukunft reden.

Ich habe sie kennengelernt, da hat sie noch eine Baubrigade organisiert: Handwerker hierhin und dorthin geschickt, Preise ausgehandelt, die Arbeit kontrolliert und einen Hungerlohn dafür bekommen. Trotzdem war sie damals schon freundlich, geduldig und zuverlässig; kurzum, eine weltweite Rarität. Erst recht hier.

Sie erträgt mein schlechtes Russisch; sie besorgt frische Eier, sie bäckt begnadete *Blinis* und liebt es, sie mit Cointreau zu tränken. Dann sitzen wir am Tisch, und der Tag ist gelaufen.

Dank ihrer Hilfe wird Lukas zweisprachig groß. Wenn die beiden zusammenhocken und ein Bilderbuch anschauen, und mein eigener kleiner Sohn zeigt auf *Mischka* oder *Koschka*, oder sagt *Stol* und *Maltschiki*, könnte ich heulen vor Freude. Mich hat man als Kind Russe geschimpft, wenn ich etwas angestellt hatte. „Du Russe!" Ich wußte damals gar nicht, was Russen sind. Heute sprechen meine Kinder ihre Sprache.

Und dennoch! Es hilft nichts, die Wahrheit muß raus! Sie sind und bleiben anders als wir. Weißrussisch oder ganz russisch – es gibt Unterschiede, da kommen wir gerade bei Olga nicht drumrum.

Manchmal wäscht sie die Schubladen aus. Löffel, Gabel, Messer – alles hat sein kleines Fach.

Nachdem sie die Schubladen sauber gemacht hat, legt sie die Löffel und die Gabeln und die Messer in andere Fächer, tauscht sie, wechselt von links nach rechts oder umgekehrt. Wenn ich, der alten Gewohnheit folgend, nach einem Messer greifen will, habe ich 'ne Gabel in der Hand. Vielleicht bin ich bekloppt, aber mich irritiert das.

Gibt es eine Schublade für Socken, kommen morgen Unterhosen rein. Es gibt kein Argument, das festlegen könnte: Heute Sockenfach, immer Sockenfach. Warum? Wozu? Da ist ein Schrank, und da kommen die Sachen rein. *Eta fsio.*

Ich habe mein Leben nicht darüber nachgedacht, wie man ein Brot abschneidet. Scheiben, was sonst? Olga dagegen schneidet, wie es kommt. Will Lukas nur eine kleine Kante haben

zum Rumknabbern, schneidet sie eine kleine Kante ab. Oder will sie was zur Suppe, nimmt sie es von der andern Ecke.

Jeden Abend habe ich ein Brot, das absolut ungerade ist. Zerfleddert an der Schnittseite. Das nervt mich.

Oder regt mich das auf, weil ich doch so zwanghaft deutsch bin und das erst hier im Ausland merke?

Denn dann küßt sie meine Kinder und bleibt länger, weil ich Bauchweh habe und mich ins Bett verkriechen will.

Sockenfach und Brotkante? Ich hab sie doch nicht mehr alle!

Mnje plevat.

◀◀*Händler am Arbat.*
1993 wurden die Souvenirhändler von hier verbannt. Die einzige Fußgängerzone der Stadt ist dadurch reizvoller geworden. (Jewgenij Stetsko)

Das Türschloß

Hier in Rußland leben die Dinge. Jaja, so mit Seele, und allem Drum und Dran. Leben. Verändern sich ohne Zutun Dritter.

In Hessen ist ein Türschloß ein Türschloß. Lebt nicht. Ist aus Eisen oder Stahl, und wenn meine Mutter den passenden Schlüssel hat, der selbstverständlich auch nicht lebt, und damit öffnet oder schließt, dann passiert das, was sie beabsichtigt: es öffnet oder schließt.

Hier in Rußland ist das anders. Hier entscheidet sich ein Schloß, zu sein oder nicht zu sein.

Hier konnten es die Menschen nicht all die Jahre, da haben es die Dinge getan. Wirklich! Ein Beweis?

Ich gehe aus der Wohnung und schließe ab. Geht einwandfrei. Spaziere mit den Kindern in der Kälte rum, bis die Nasen frieren. Wir wollen wieder rein. Geht nicht. Das Schloß verweigert sich.

Ich bin auch nicht zu doof, einen Schlüssel rumzudrehen. Und ich kann auf russisch Schlosser sagen: *Sljessar*. Es finden sich gleich zwei, die haben's auch probiert. Das Schloß öffnet nicht. Also brechen sie meine Tür auf. Schloß hin, Tür kaputt. Na gut.

Nach einer Woche dasselbe. Wieder muß aufgebrochen werden. Die ganze Tür war derart zerborsten, daß auch sie wieder repariert werden mußte. Nach weiteren zwei Wochen nochmal; immer an einem anderen Schloß. Erzähle ich das meiner Mutter am Telefon, sagt sie: „Kind, du verkalkst langsam. Das hast du mir doch schon zweimal erzählt!"

Während dieser Zeit entwickelt sich bei mir ein sehr russisches Lebensgefühl: Ich lebe im ständigen Bewußtsein, daß etwas nicht funktionieren könnte. Der Tag, ja die Lebensplanung wird ganz anders als im Westen. Ich kann nicht mehr sagen: Jetzt tue ich das und in einer Stunde jenes. Irgendwas beginnt hier zu leben und weiß exakte Planungen zu verhindern: das Schloß, das Wasserrohr, die Heizung, das Auto, der Tisch, die Waschmaschine ... Jeden Tag mindestens einmal.

Und will man nicht verrückt werden, nimmt man es hin. Atmet kurz durch, trinkt was, läßt erstmal einen Tag ins Land gehen und überlegt dann weiter.

Man denkt hier auch nie allein, immer in der Gruppe. *Zwei* Schlosser kamen zu mir, stimmt's? Nicht einer. So machen es jedenfalls die Russen.

Sie sind Künstler der Improvisation. Alles wird irgendwie repariert. Aber nicht so tüftelmäßig wie von einem Heimwerker in Nordhessen, sondern gerade mal so, daß es hält.

Am nächsten Tag ist es wieder hin. Macht nichts! Wir reden darüber, trinken einen Schluck und fangen von vorne an. Vielleicht. Oder morgen.

Die Russen behandeln Dinge so, als seien sie lebendig. Nein, mehr noch. Russen glauben fest daran, daß die Dinge leben. Sie reden mit ihnen, sprechen ihnen gut zu, geben ihnen Zeit, erst morgen zu funktionieren, wenn sie heute keine Lust dazu haben. Ehrlich wahr!

Und, bitte nicht meiner Mutter erzählen, aber: Seit ich mein Türschloß Alma nenne und „Guten Tag" sage, geht's einwandfrei. *Da, eta tak*.

Patschemu – Warum ?

Den Russen geht das *Patschemu* – Gefrage der Ausländer hier tierisch auf die Nerven. *Patschemu*, warum? *Paetamu*, darum.

Beispiele:

Jede Wohnung in dieser Zehnmillionenstadt Moskau ist an die Fernheizung angeschlossen. Und nicht nur in Moskau, sondern überall. In allen Städten – Fernheizung. Und an keinem einzigen Heizkörper ist ein Knopf zum Abdrehen. Nix. Ein Sechstel der Erde. Keine Schraube, kein Hahn, kein Knopf. Gar nichts. Und diese Millionen Heizkörper kochen vom 1.Oktober bis zum 1.Mai ferngesteuert vor sich hin. Meine einzige Chance, mitzubestimmen, wie warm es in meiner Wohnung sein soll, ist das Fenster. *Patschemu?* Warum ist das so? *Paetamu*, darum. War schon immer so. Hauptsache, es ist warm. Ein Knopf? Wozu? Der kann abbrechen, oder es gibt ständig Streit, die Mutter will's warm, die Frau kalt. Nein! Ein Glück, daß keiner dran ist. Geschmack gekriegt? Noch ein Warum? Okay.

In jedem Haus, in jedem Flur, vor jeder Wohnung brennt nachts Licht. Jede Nacht. Es gibt keinen Schalter. Vielleicht unten im Keller, ich weiß es nicht. Ich habe jedenfalls noch keinen gefunden. Ein Sechstel der Erde ist nachts hell. *Patschemu?* Ja gebongt, als das KGB noch in den Fluren rumlungern mußte, hat es vielleicht Angst gehabt im Dunkeln. Aber warum jetzt immer noch? *Paetamu.* Darum. War schon immer so. Auf den Gedanken, daß das Energie kostet, kommt hier kein Mensch.

(Stop mal. Ein Kollege redet auf mich ein, das hier stimme nicht ganz. Es seien doch so viele Birnen kaputt, daß bestimmt nur ein Siebtel, oder gar ein Achtel der Erde nachts hell sei. Na gut, Siebtel, Achtel, bitteschön. Aber wären alle Birnen heil, würde ein Sechstel hell gewesen sein).

Der Gorkypark hat ein riesiges Eingangstor. Etwa hundert Meter breit. Aber nur an zwei winzig engen Stellen darf man durchgehen. Davor bilden sich regelmäßig Schlangen. Warum? Weshalb werden nicht alle Türen aufgemacht? Dasselbe beim Hotel Rossia: Rieseneingang, klitzekleiner Durchlaß. Der Rest zugesperrt. Im Hotel Ukraina dasselbe. Bahnhöfe, Flughäfen – zu. Bis auf den kleinen Engpaß. Warum?

Neben vielen Eingangstüren russischer Hochhäuser hängt ein Kasten mit Knöpfen von 0 bis 9. Durch das Drücken eines dreistelligen Codes öffnet sich die Tür. Da ist doch die Antwort auf das Warum ganz klar, oder? Wer hier nichts zu suchen hat, wer den Code nicht kennt, muß draußen bleiben.

Richtig, aber jetzt kommt's: Vergeßliche kritzeln den Code neben den Kasten oder an den Türrahmen. In jedem Hausflur mit Code finde ich nach kurzer Zeit die vermeintlich geheime Stelle. Dadurch wird das ganze Codesystem ad absurdum geführt. Warum also gibt es die Codekästen überhaupt? *Paetamu.*

Jeden Sommer wird für vier Wochen das warme Wasser abgestellt. Einfach so. Da hängt plötzlich ein kleiner Zettel im Hausflur: Ab heute seid ihr dran. Das ist alles.

Wie soll ich denn nun Lukas' Popo waschen? Oder meine Haare tönen? Das geht doch gar nicht ohne warmes fließendes Wasser! Und warum um Himmels willen drei ganze lange Wochen?

Die offizielle Begründung: das sei eine prophylaktische Reparatur. Auch so ein Lieblingswort der Russen, *prafilaktika.* Das werde jeden Sommer so gemacht. Vier Wochen Zeit brauchen irgendwelche Bautrupps, um meine Wasserleitung zu checken. Es ist nicht zu fassen.

Tanja borgt mir ihren Riesenkochtopf, ich koche Wasser und schrubbe meine Kinder in der Schüssel. Die große Badewanne tut's nicht, weil mein russischer Stöpsel das Wasser nicht halten kann. Kaum ist ein Pott Wasser warm, ist der vorherige ausgelaufen. Ich schreie und heule, trommle gegen die Wand, es nützt nichts. Was? Ich soll mir einen besseren Stöpsel kaufen? Bitte lesen Sie sofort das Kapitel „Der Stöpsel", ja!

Ich kriege mich tagelang nicht ein wegen dieser Wasserkiste, bis mich Tanjas Freundin Mila mal beiseite nimmt und mir zuflüstert, ich würde den Vorteil dieses Wassernotstandes gar nicht erkennen.

„Vorteil? Welchen?"

„Nun", sagt Mila und zieht ihre Augenbrauen dabei so seltsam hoch, „es haben ja nicht alle gleichzeitig kein warmes Wasser, sondern immer nur ein Stadtteil, ja? Man muß also jemanden kennen aus einem anderen Gebiet. Irgendwann wird er fragen: ‚Sag mal, kann ich bei dir duschen? Du weißt schon, unser Wasser.' Und dann hat man den Kerl in der Wohnung, nackt und frisch gewaschen – was will man mehr?"

Ach so. *Panjatna*. Ich verstehe. *Paetamu*.

Weiter: Warum gibt es hier keine einzige vernünftige Ecke, so neunziggradmäßig? Jede Ecke ist schief gebaut, und es liegt auch noch was drin. Zement, Schnee, Staub, Papier, Schlamm. Keine Ecke ist eine richtige Ecke. Ein russischer Fliesenleger knackt noch extra was weg von der Kachel, wenn sie in die Ecke soll. Hier in Rußland ist das verwirklicht, wovon die Anthroposophen bei uns nur träumen! Die mögen ja auch keine richtige Neunzig–Grad–Ecke. Nur ich mag sie, aber habe keine. Warum?

23

Und, wo wir schon beim Bau sind: Plattenbau ist Mist, aber hier gibt es nun mal nichts anderes, und die Wohnungsnot ist furchtbar. Also gut, Plattenbau. Aber warum sind gerade fertiggebaute Häuser schon wieder total mit Farbe bekleckert? *Patschemu?*

„Na", hilft mir ein russischer Handwerker, „weil die Maler das Haus bemalt haben."

„Ja, aber warum klebt denn die Farbe an Stellen, wo sie gar nicht hingehört?"

„Na, weil sie dahingetropft ist."

„Aber warum", frage ich erbarmungslos weiter, „putzt die denn niemand da weg?"

„Wegputzen?" Diesmal guckt der Russe mich verstört an und fragt: *„Patschemu?"* „Paeta-mu", weine ich, *„paetamu."*

Mein Milchmann

Seine Nachricht finde ich Mitte 1992 in meinem Briefkasten: „Ich biete an: Frische Rohmilch vom Lande. Garantiert sauber, Kühe von Fachleuten überwacht. Lieferung frei Haus."

Der Liter soll weniger als eine Mark kosten. Von Ausländern nimmt Maxim Devisen, von russischen Kunden Rubel. Seitdem bekomme ich jede Woche dreimal eine große Flasche Milch in die Wohnung geliefert. Sie ist gut; ich kann sogar reichlich Sahne abschöpfen.

Maxim arbeitet hart. Er fährt von Bauer zu Bauer, die ja alle nur ein oder zwei Kühe im Stall haben, prüft die Qualität, findet schließlich die beste Milch und verkauft sie in Moskau.

Damit verdient er bald zwanzig Mal soviel wie ein Moskauer Arbeiter, schuftet aber auch zwölf bis fünfzehn Stunden am Tag. Manchmal kommt er erst nachts um elf zu uns und bringt die Milch vorbei. Deshalb stellt er junge Männer ein, die ihm helfen sollen. Aber die trödeln herum, lassen die Milch sauer werden oder vergessen einzelne Kunden. Er entläßt sie und macht die Arbeit wieder allein.

25

Seine Freundin ist eine intelligente, starke Frau. Aber sie versteht überhaupt nicht, weshalb gerade ihr Kerl so schwer arbeitet, ohne Millionär zu werden wie die andern neuen Geschäftsleute in Rußland. Er verdient gut, aber lange nicht so gut wie die neuen Broker von der Börse oder die cleveren Schieber. Er arbeitet ehrlich und viel, fährt aber weder BMW noch baut er sich ein Haus am Stadtrand.

In Rußland haben die meisten Leute fast nichts, aber manche haben plötzlich sehr viel Geld. Dazwischen gibt es nichts. Nur Maxim, der Milchmann und ein paar andere, die man bei uns den Mittelstand nennt.

Als das Geschäft ein Jahr lang gut läuft, wird die Mafia auf ihn aufmerksam. Eines Tages setzt sich ein alter Bekannter aus der Schulzeit zu ihm ins Auto. Der Kerl ist elegant gekleidet und hat mehr Muskeln als früher. Er fragt höflich, wie es Maxim so geht, und ob seine Geschäfte gut laufen.

Maxim hat sich auf solch einen Moment vorbereitet. Sein Auto ist ein Wrack, er kleidet sich wie ein Bauer vom Dorf und hat immer nur ein paar Flaschen Milch im Wagen. Selbst für den Fall, daß er beobachtet wird, hat er sich gewappnet. Er verkauft die Milch an Haustüren, einzeln. Oder stellt sie hinter die Hauseingänge und läßt sie von *Djeschurnajas* verteilen, den Hausmeisterinnen.

„Schau mich an, dann weißt du, wie's mir geht. Ich arbeite viel, aber das Geschäft ist kaum der Rede wert", antwortet Maxim ganz ruhig seinem alten Freund, dem Mafiosi. Und er wird ihn tatsächlich los.

Maxims Freundin wird schwanger, er muß noch mehr verdienen, aber das Gegenteil tritt ein: die Bauern erhöhen die Preise gewaltig, der Benzinpreis steigt; er muß die Kosten an seine Kunden weitergeben. Daraufhin kündigen viele die Lieferungen. Schließlich hat er noch einen Bauern, der die Preise stabil halten will, und auf den er sich verlassen kann. Glaubt er.

Dieser Bauer hat zwei Tiere, eine junge und eine alte Kuh. Die Alte gibt Milch, die Junge noch nicht, aber beide sind trächtig. Der Sommer 1993 ist kalt und naß, der Bauer hat keinen Bock auf Heumachen.

Ende November wird das Futter knapp. Der Kerl steht im Hof, die linke Ohrklappe seiner Schapka oben, die rechte unten, sein Hosenlatz offen, und er staunt. Kein Heu da!

Maxim kauft was und fährt es in einem geliehenen Omnibus zum Hof; die Bänke hat er vorher herausmontiert.

Eines Tages fehlt die jüngere Kuh.

„Wo ist sie?" fragt Maxim den Bauern.

„Auf der Weide", behauptet der Bauer.

Maxim findet sie auch dort nicht. Schließlich gibt der Bauer zu, die Kuh an den Nachbarn

verkauft zu haben. Zu billig, aber der Wodka lockte.

Die zweite Kuh wird ein paar Wochen vor der Geburt nicht mehr gemolken, also ist Maxim nicht täglich dort. Das arme Geschöpf legt sich irgendwann ins Stroh und steht nicht mehr auf. Der Bauer kümmert sich nicht drum. Als Maxim endlich kommt, holt er den Tierarzt der benachbarten Kolchose. Er bezahlt ihn teuer.

Der zieht das Kalb mit Gewalt heraus. Es ist tot. Auch die Kuh wird notgeschlachtet.

„Toll", sagt sein Bauer, eine Schapkaseite oben, die andere unten, und der Hosenlatz offen. „Dann können wir ja das Fleisch verkaufen."

Maxim ist kein Milchmann mehr. „Ich bin umgeben von Verrückten", war sein einziger Kommentar dazu.

Seine Freundin hat inzwischen ihr Baby. Ein gesundes Mädchen. Aber sie kann nicht mehr warten, bis Maxim genügend Geld ranschafft. Sie hat ihn verlassen und ist mit dem Kind zur Mutter gezogen.

Nadejus on nje adstupit.

◄ *Kellnerrennen in Moskau* (Vladimir Filonov)

Wir kaufen ein Auto

Legal kaufen wir das Auto. So richtig ordentlich, wie es sich für Ausländer in Moskau gehört. Obwohl es auch anders gegangen wäre. Aber nein, wir kaufen legal.

Zuerst müssen wir zu einer Außenhandelsorganisation, der Wnjesch Pasiltork, die uns damals als einzige ein russisches Auto verkaufen durfte.

So, also ... was hätten wir denn gerne? Prospekte gibt's, ja, aber leider nur auf spanisch und viele Jahre alt. Aber mit Bildern. Man könne einen Wagen aussuchen, sagt die Dame gelangweilt, auch die Farbe und die Reifen. Aber ob man den Wagen dann auch genauso bekommt wie gewünscht? Nein, also das könne man beim besten Willen nicht garantieren.

Weit draußen an der Moschaiskoje Chaussee gibt es ein Freigelände. Dort stehen die Autos. Die Fahrt dauert lang, es dämmert schon, obwohl es erst vier Uhr nachmittags ist. Das Baby schläft im Arm, der andere fragt alle drei Minuten: „Sind wir bald da?"

Wir fahren an riesigen Häusern vorbei, kilometerlang, alle gleich, zwanzig Stockwerke hoch. Inmitten dieser Siedlungen ist ein umzäuntes Feld, darin stehen die Autos.

Und nun? Kein Häuschen, keine Hütte dabei. Kein Mensch weit und breit. Peter und Valeri, der Fahrer, schauen sich um, suchen, rufen und klettern schließlich über den Zaun. Plötzlich: Scheinwerfer blitzen auf, ein Geschrei – von irgendwoher kommen doch Leute, einer bedroht Peter gar mit einer Pistole. Aber wenigstens war endlich jemand da.

Danach ist eine beeindruckende Probefahrt mit zwei verschiedenen Autos möglich. Auf einer zugefrorenen Strecke von etwa zweihundert Metern, vor und zurück, entscheiden wir uns für ein Auto, das als einziges und mit großer Wahrscheinlichkeit inclusive Winterreifen geliefert werden kann. Es ist ein Lada Niva, wir wünschen ihn uns in Rot.

Jetzt aber: Das Ding muß bezahlt werden.

Wir haben das Geld bar in der Hand. Hier, nehmt es! Aber keiner will es haben. Dollarbeträge dürfen russische Firmen nicht annehmen. Sie haben Auslandskonten in New York dafür. Soso. Okay, wir überweisen das Geld.

Und? Bekommen wir jetzt das Auto? Ne.

„Wie soll denn einer in Rußland wissen, ob das Geld in New York ankommt, hm? Da könnte ja jeder kommen."

Wir legen der Moskauer Internationalen Bank die Überweisungsbescheinigung der deutschen Bank vor.

„Ne", sagen die. „Da könnte ja jeder sonstwas schreiben."

Sie könnten ja in New York anrufen?

„Ne, da könnte ja jeder sonstwas sagen!" Auch wieder wahr.

Es dauert wieder eine Woche, bis eine zweite Bank in Rußland den Eingang des Geldes tatsächlich bestätigt.

Was haben wir nun endlich? Ein Bodybuilding-Studio in Rot. Fahrbar. Gott, ist das schwer zu lenken! Aber wenn schon Rußland, dann richtig, oder? Auf russisch heißt Auto ja auch *maschina*. Na also. *Kakaja krassiwaja maschina*.

Reich und arm

Endlich habe ich einen Babysitter gefunden und kann seit langem mal wieder allein ein paar Stunden zum Einkaufen fahren. In der Nähe des Taganskaja Platzes ist ein finnischer Supermarkt. Den hat mir Peter gleich nach unserer Ankunft gezeigt, damit ich die Angst verliere, hier zu verhungern. Irgendwie hat sich das in meinem Kopf festgesetzt: Moskau, da gibt's nichts zu kaufen. Hier also gibt's was.

Von außen kann man nicht in den Laden schauen, die ganze Fensterfront ist voller Jalousien. Die Tür wird von zwei Männern bewacht. Ein Schild: Einkauf nur mit Kreditkarte. Was natürlich bedeutet: in diesem Geschäft können nur Ausländer einkaufen.

Drinnen fühle ich mich wie zu Hause. Brot und Joghurt sind zwar fremd, und die Safttüten auch auf finnisch bedruckt, aber ich fühle mich geborgen wie schon lange nicht mehr. Ich habe einen riesigen Einkaufswagen, und leise Musik von oben lullt mich ein.

Draußen schiebe ich meinen vollgepackten Einkaufswagen über den breiten Bürgersteig, will zu meinem Auto, das am Rande der Straße parkt. Erst jetzt dämmert mir wieder, wo ich bin: in Moskau, am Taganskaja. Aber das kann mir doch egal sein. Ich habe immer so eingekauft, wieso sollte ich das hier plötzlich anders machen?

Die Leute gehen kaum langsamer, aber ich ahne, sie gucken auf meine Cola und das Knuspermüsli, auf mein Bier, den Sahnepudding, Käse, Gin und Tonic.

Ein Bettler sitzt an der Steinmauer. Ich schiebe schneller.

Kann dem doch jetzt nichts geben. Soll ich etwa 'ne Cola runterreichen? Hoffentlich beklaut mich jetzt keiner! Dreihundert Dollar, mit der Karte bezahlt. Ich schiebe gerade den Gegenwert eines russischen Jahreseinkommens vor mir her.

Ich brauche mein Knuspermüsli. Ich werde doch jetzt nicht jahrelang Borschtsch kochen, nur weil ich in Rußland wohne.

Warum geht's mir gut, und denen nicht? Aber dafür kann ich doch nichts.

Endlich bin ich am Auto. Es hat getaut, und ekelhaft dreckiger Schneematsch liegt im Graben. Sehr hoch, meine Stiefel halten ihn gerade noch ab. Ich lasse den Einkaufswagen los, wate durch den Dreck und öffne den Kofferraum.

In dem Moment kommt der Einkaufswagen in eine gefährliche Schieflage, ich weiß nicht warum; vielleicht, weil der Bürgersteig sich hier etwas neigt.

Auf jeden Fall dreht sich der Wagen einmal um seine eigene Achse, und eh ich ihn noch greifen kann, kippt er um.

Alle eingekauften Sachen fliegen in den Matsch. Manches ist gar nicht mehr zu sehen, das andere total verdreckt und naß.

Die Leute gehen jetzt langsamer. Schauen auf mich runter. Sehen, wie die Ausländerin ihre Westwaren aus dem Schlamm zieht, sie hastig ins Auto wirft und eilig davonfährt.

Eta bila schtota.

Tanken

Wie wird in Moskau getankt? Das ist eine einfache Frage, auf die es hier viele Antworten gibt. Ich nenne sie im folgenden Varianten, weil das auch so ein Lieblingswort der Russen ist. *Varianti* – hier muß es immer mehrere davon geben, sonst geht gar nichts.

Variante 1 : die Härtenummer
Ich fahre zu einer Tankstelle und stelle mich hinten an.

Das dauert, denn vor mir stehen dreißig oder mehr Autos, und von acht Zapfsäulen funktionieren (manchmal!) zwei.

Ich gebe zu, das habe ich nur zwei-, dreimal gemacht. Volltanken kostet umgerechnet sieben Mark (im Juni 1992), mich aber sämtliche Nerven. Ich kann zwei Stunden Wartezeit nicht aushalten. Ich habe alles probiert: Musik hören, meditieren oder Vokabeln lernen. Es geht nicht! Es macht mich verrückt.

Variante 2 : die fiese Tour
Einfach von der anderen Seite an die Tankstelle ranfahren und sich vordrängeln. Ich hab es nie

kapiert: die betrogenen Russen ärgern sich, sagen aber kein Wort. Erst recht nicht, wenn der Drängler Mitte Zwanzig ist, im dunklen Anzug und mit drei Genossen erscheint.

Variante 3 : der frühkapitalistische Weg
Die Tankstellenfrau hat sich Gedanken gemacht über den Wandel vom Kommunismus zum Kapitalismus. Und kommt zu dem Schluß: Warum sich nur ab und zu bestechen lassen, warum nicht gleich kassieren? Und so hat sie eine Zapfsäule zu der ihren erklärt: die sogenannte kommerzielle Zapfsäule.

Man fährt wie bei der fiesen Tour von der anderen Seite ran, tankt aber an besagter Säule. Das kostet etwa vierzig Prozent mehr, dauert aber nur zehn Minuten. Die Tankstellenfrau kassiert, ohne auch nur einmal von ihrem Stuhl aufgestanden zu sein. Ich liebe sie dafür!

Variante 4 : die schnelle Nummer mit Risiko
An der Straße stehen Männer mit Kanistern. Das Tanken ist klasse: anhalten, Preis aushandeln und einfüllen lassen. Kostet doppelt soviel, dauert nur fünf Minuten, ist aber gefährlich.

Zum einen für die Männer, denn das ist klassisches Mafiagewerbe, zum andern für mein Auto, denn das Benzin kann mit Wasser gestreckt sein. Deshalb lasse ich den Motor weiterlaufen und lausche ihm gespannt. Wenn er hustet, hab ich Pech gehabt.

<u>Variante 5 : die Tankwagen–Nummer</u>
War noch im Sommer '92 sehr schwer, und nur meine Freundin Natascha hat sie beherrscht: Auf die Autobahn fahren, einen Tankwagen überholen, ihm mit Scheinen winken und ihn in den Wald locken. Aus dieser einst konspirativen Situation entstand die

<u>Variante 6 : die Quasi–Privatisierung.</u>
Heuzutage verkaufen die Tankwagenfahrer ganz offen Benzin.

Auf Parkplätzen, in Hinterhöfen, an der Autobahn. Selbstgemalte Schilder nennen den Preis und die Oktanzahl. In der offiziellen Buchhaltung lief dieser Posten zunächst unter der Rubrik: „beim Transport verlorene Güter". Dann wurde diese Art zu tanken so beliebt, daß der Tankwagenverkauf irgendwie geduldet wird. Jetzt ersetzen sie ganze Tankstellen, vor denen nun die Warteschlangen verschwunden sind. *Eta bisnjess.*

Ein Moskauer bietet eine Putbillwelpe auf dem Vogelmarkt zum Verkauf an. Kampfhunde sind äußerst beliebt in Moskau. (Vladimir Filonov) ▶

Das Weinregal

In den allerersten Kisten, die oben in der frisch renovierten Wohnung ankommen, ist mein Wein. Mein Wein!

Riesling, Elbling, Winzersekt, und nichts kaputt. Alle Flaschen haben den Umzug nach Moskau überlebt. Nur ich darf die Dinger auspacken, keinen lasse ich da ran. Kümmer mich um nichts mehr. Das Kinderbett wird falsch herum montiert, die Türen am Schlafzimmerschrank doppelt durchbohrt. Macht nichts, mein Wein ist da!

Niemand in Moskau hat einen Keller. Auch keinen Platz auf dem Dachboden oder sonstwo. Sperrige Sachen wie Schlitten, Skier, ein alter Tisch, die Stehleiter oder sonstwas werden auf dem Balkon verstaut. Aber mein Wein doch nicht! Schwitzt ja im Sommer und erfriert im Winter. Also wohin?

In der Wohnung gibt es zwei große Wandschränke. Im linken sind breite Regale eingezogen. Vier Stück. Der Schrank liegt genau auf dem Weg von der Küche ins Wohnzimmer. Gute Lage, denke ich. Da rein mit den Flaschen.

Ich denke doch im Traum nicht daran, daß ich mich hier auf nichts verlassen kann. Habe überhaupt nicht damit gerechnet!

Sortiere die Flaschen fein säuberlich auf die Bretter. Stapele sie übereinander, vier, fünf Lagen hoch. Schau mir das von weitem an, freu' mich noch, wie schön es wirkt. Der ganze Schrank voll.

Ganz unten verstaue ich eine große Tüte mit Glühlampen. Und die begnadeten Erdbeerkonserven meiner Eltern finden da auch noch Platz. Ich schließe den Schrank und kümmer' mich endlich um die andern Sachen.

Nach etwa einer Stunde gibt es einen Wahnsinnsschlag, wie ein Donner: woff. Der Wandschrank offen, alle Regale zerkracht, der Wein samt Erdbeeren fließt wie ein Bach Richtung Küche. Ich stehe nur da, mit offenem Mund, und kriege keinen Ton mehr raus. Dann will ich heulen, oder fluchen, ich weiß noch nicht.

Aber einer der Umzugsmänner ist ein ganz alter Hase, was Moskau angeht. „Schnell", sagt er. „Schnell putzen. Hier sind die Wohnungen in der Regel gut isoliert, bloß die Küchen nicht." Wenn das nicht sofort weggeputzt wird, tropft der Wein durch den Boden, und ich zahle auch noch die Renovierung von Etage sechs.

Also: die ganze Mannschaft wischt, so schnell es geht. Und dazwischen immer: „Oh, war das ein guter Wein", oder „Hm, haste hier mal gerochen, der war auch nicht schlecht." Wir werden alle vom bloßen Riechen besoffen.

In den Scherben finden sich ein paar noch heile Flaschen. Die waschen wir in der Badewanne und nehmen sie zur Brust.

Blöderweise bleiben sämtliche Glühbirnen ganz. Ein Regal ist so elegant geknickt, daß die nichts abgekriegt haben.

Der alte Hase zeigt mir, daß mein Weinregal nur mit ganz kleinen Nägelchen festgemacht war. Das sei hier nichts Besonderes: „Dem russischen Regal an sich ist nicht zu trauen", doziert er mit erhobenem Zeigefinger. „Schon der alte Lenin wußte ..." Jajaja: „Vertrauen ist gut, *kontrol lutsche. Sitschass ja eta snaju.*"

Die Stromrechnung

Ich habe heute meine Stromrechnung gekriegt – eine richtige offizielle russische Stromrechnung. Als Abonnent Nr. 970 77 958 soll ich für das erste Halbjahr '93 zahlen.

Es ist das erste Mal; die Stromrechnung vom Jahr davor steht immer noch aus.

Wir sind Vater, Mutter, zwei Kinder, und wir haben, was man so hat: Kühlschrank, Stereoanlage, Fernseher, Video, Gefrierschrank, Waschmaschine. Und Licht natürlich.

Die Miete für unsere Wohnung ist sehr hoch; wir zahlen Preise wie in der Frankfurter Innenstadt. So werden in Moskau bislang nur die Ausländer zur Kasse gebeten, die meisten Russen genießen noch sozialistisches Preisniveau.

Aber meine Stromrechnung hat die Perestroika verschlafen, den Zerfall der Sowjetunion nicht mitgekriegt und kennt keine Inflation von 2000 Prozent im Jahr.

Ich muß sage und schreibe 533 Rubel und 76 Kopeken bezahlen. Für eine Kilowattstunde zahle ich einen Rubel, das ist ein Sechstel Pfennig. Meine Stromrechnung für ein halbes Jahr kostet mich umgerechnet eine Mark. Eine müde Mark!

Die Jungs spalten hier die Kerne für nix und wieder nix, und lassen die Dinger dann und wann sogar hochgehen – für 'ne Mark!

Jetzt stelle ich mir vor, ein Prüfer der Stiftung Warentest teste ein russisches Kraftwerk. Jaja, ich weiß, daß die das nicht tun. Nur gesetzt den Fall, sie täten es. Das Ergebnis wäre klar, oder nicht?

Russische Kraftwerke: mangelhaft. Genau. Aber auch: extrem billig. Das machen die doch immer so, oder? Rechnen das eine mit dem andern auf. Und solange der Strom so billig aus der Steckdose kommt? Was soll's!

Und nun brauche ich gar keine Phantasie, ich habe einfach angerufen: Wo läßt die sonst immer brave deutsche Stiftung Warentest die Lebensdauer von Waschmaschinen prüfen?

Sieben Monate lang, mit 54 Maschinen im Dauerwaschgang? Hier bei uns in Moskau!

Die Stiftung sagt, Tests in Moskau seien zehnmal billiger als in Berlin. Und man dürfe nicht außer acht lassen, daß man damit einem russischen Institut einen Auftrag gibt. Arbeitsplätze schafft. Vermögen bildet.

Und irgendwann verdienen die Russen eines Tages sehr viel Geld, und dann steigt der Lebensstandard, und dann haben die Russen endlich die Möglichkeit, ihre Kernkraftwerke zu erneuern, irgendwann, wenn sie nicht gestorben sind, und dann noch leben.

Und ich brauche mich doch gar nicht zu beschweren, sagt der Stiftungsmann zu Recht, ich koche meinen Kaffee doch auch mit dem billigen, aber schmutzigen russischen Strom. Stimmt. Tu ich. Für eine Mark. *Eta ni wasmoschna.*

Anastasia Gorbatschova, 89 Jahre (nicht die Mutter von Michail Gorbatschow), an ihrem Küchentisch (Vladimir Filonov)

Verkehr

Da sind sie siebzig Jahre im Gleichschritt marschiert, schön ordentlich, hoch die Fahne, zack zack – aber auf der Straße, in ihren Autos, versuchen sie's nun mit der Anarchie.

Rote Ampeln werden jetzt aus ideologischen Gründen abgelehnt, Fußgänger wie gehetzte Hasen über die Straße gejagt.

Als wir noch neu in Moskau waren, wollte Peter mal eine Gruppe alter Babuschkas über die Straße lassen. Er hält also an und winkt den Omas, sie sollen rübergehen.

Die gucken und fuchteln plötzlich mit ihren Krückstöcken, schimpfen laut und schreien. Peter denkt: „Was haben die denn?" Als sie partout nicht gehen wollen, fährt er weiter.

Das erzählt er später einem Russen. Der lacht sich halb tot. Diese Omas seien es nicht gewohnt, daß einer anhält. Im Gegenteil, sie haben geglaubt, er sei besonders fies; einer, der die Omas erst auf die Straße lockt, und dann Gas gibt.

Ich darf meinen Kindern nicht erlauben, bei Grün zu gehen. Man darf sich nicht darauf verlassen, daß sie anhalten. Manche machen daraus eine regelrechte Jagd: Selbst wenn einer humpelt oder schwer beladen über die Straße schleicht – gib ihm, mal sehen, wer stärker ist. Und wenn dann noch ein Mädel im neuen Mantel Farbe pink neben einer Pfütze auf den Bus wartet – hhm, Gas geben, durchfahren, und zurückschauen, ob's auch ihre Frisur erwischt hat.

Der in einigen westeuropäischen Ländern bekannte Verkehrsfluß ist in Rußland nicht vorzufinden. Das Wortgebilde „Grüne Welle" läßt sich übersetzen, mehr aber auch nicht. Und bei „Hallo Partner, dankeschön" kriegen sich die Russen kaum noch ein vor Lachen.

Hier versuchen alle, nicht hintereinander, sondern möglichst nebeneinander eine Kreuzung anzufahren, diese zu blockieren, um dann gemeinsam „Völker hört die Signale" zu hupen.

Der Verkehr ist ein riesiger Klumpen, durch den man sich durchkämpfen muß. Der Schwächere verliert – ein durchaus kapitalistisches Prinzip, und irgendwo muß sowas ja mal geübt werden dürfen.

Und was für Überraschungen es gibt! Naja, die Schlaglöcher nicht – die gehören zum Straßenbild. Sie wandern zwar täglich und werden immer tiefer. Aber meine Kinder machen schon nicht mal mehr „Hoppa!", wenn wir eines richtig treffen.

Überraschungen sind zum Beispiel offene Ka-

naldeckel, Auspuffrohre, Reifen oder plattge-
fahrene Hunde. Oder, wenn jemandem der Keil-
riemen mitten auf der Komsomolskaja reißt.
Dann muß das Ding repariert werden, und zwar
jetzt und hier, mitten auf der Straße. Ob oder
wie die anderen Autos da vorbeikommen, ist
egal. Und wenn die Reparatur zwei Tage dauert,
das Auto bleibt da stehen, *panjatna*?

Und bei einem Unfall müssen ja die Autos genau so stehenbleiben, damit der Milizionär,
wenn er denn kommt, genau sehen kann, wer
ihn bestechen wird, um keine Strafe zahlen zu
müssen. *Schissliwawa puti.*

Fleischverkäufer im Kiosk.
Die Schrift oben liest sich „zweti" und bedeutet: Blumen.
(Michail Metzel) ▶

Natalia

Sie wohnt im Norden der Stadt. Die Straßen dort sind noch breiter als sonst und kerzengerade. Die Ampeln wechseln die Farbe, doch keiner schert sich darum. Ein einziges Haus ist fast tausend Meter lang, zehn oder mehr Stockwerke hoch. Alle gleich, alles grau in grau, obwohl doch Frühling ist. Die Geschäfte sind fade und leer.

Sie wohnt in Haus Nummer dreihundertsechs. Korpus zwei, dritter Eingang, Code Nummer eins, sieben, vier. Dritter Stock, Wohnung Nummer siebenundachtzig. Das sind ihre Koordinaten. So nennt man in Moskau die Adresse. Kaum Worte, nur viele Zahlen.

Ich kann mich nur seitlich durch ihren Flur schieben. Da stehen Regale, Bücher, Kisten, Eimer, hängen Jacken und Plastiktüten.

Ihre Küche ist etwa sechs Quadratmeter groß. Am Tisch kann man kaum sitzen, er dient als Ablage, auf dem Kühlschrank stehen getrocknete Erbsen und EG–Trockenmilch. Die Zuteilung für ihre invalide Mutter.

Ein Herd, eine Spüle; der Hahn tropft. Ich hole tief Luft, lächle gequält und setze mich endlich.

Sie sieht schlampig aus. Tiefe dunkle Ringe sind unter ihren Augen, ihr Haar ist dünn und hinten zusammengebunden. Ihre Haut ist weiß, ihr Lippenstift schief und verschmiert. Über ihren Hüften trägt sie einen schrecklichen Wollrock, darüber eine Kittelschürze. Und Hausschuhe wie meine Oma früher, runde dicke schlurfende Dinger. Dabei ist sie erst Anfang Vierzig, schätze ich.

Ich habe Blumen für ihre kranke Mutter mitgebracht. Neben der Küche gibt es eine Art Zimmer, der Platz reicht gerade für das Bett. Dort liegt Swetlana Ivanowna. Vor zehn Jahren hatte sie einen Schlaganfall. Natalia hebt die Decke hoch und zeigt mir die verfaulten Beine. Mich ekelt, ich lege die Blumen auf das Bett und stammle was von guter Besserung.

Es gibt noch ein Zimmer. Dunkel, die Gardine mit einer Wäscheklammer geschlossen. Der Fernseher läuft. Tief im Bett davor ein Gesicht vergraben. Es ist zwei Uhr mittags.

Das sei ihr Sohn, zweiundzwanzig. Er schaut nicht auf, als ich grüße. Es riecht nach Wodka.

Später, als er ohne ein Wort die Wohnung verläßt, erzählt Natalia, er arbeite nicht mehr, trinke nur noch, schlage sie sogar. Die neue Zeit mache die Jugend kaputt, sagt sie. Es lohne sich nicht mehr, was Ordentliches zu lernen. Heutzutage verdiente derjenige Geld, der betrüge, skrupellos sei, stark und dumm. Selbst wenn er arbeitet wie ein Tier: eine eigene kleine Wohnung wird er sich niemals leisten können.

Sie schläft mit ihrem Sohn in diesem Zimmer, sie wohnt mit ihm in diesem Zimmer, und sie arbeitet auch noch hier. Übersetzt Russisches ins Deutsche oder umgekehrt. Gebrauchsanweisungen für Wasserpumpen oder Vertragstexte für Joint Ventures. Schrecklich kompliziertes Zeug, für einen Hungerlohn.

Sie nimmt nur Gelegenheitsjobs an und übersetzt immer hier in diesem Zimmer, um bei ihrer Mutter zu sein. Kein Mensch hilft ihr dabei, niemals. Ihr Mann ist schon lange auf und davon.

Hinter der Scheibe am Wohnzimmerschrank sehe ich Bilder aus besseren Zeiten. Von Natalia aus Moskau, mit Mann und Kind im Arm. *Atwaschnaja bjednjaschka.*

Russische Anzeigen

Ich lerne Russisch, am liebsten mit diesen Anzeigen. Es gibt verschiedene Anzeigenblätter, die an Metrostationen verkauft werden, etwa „Alles für Sie" oder „Von Hand zu Hand". Und Hunderte von handgeschriebenen Zetteln, die an Hauswänden oder Zäunen hängen. Ich entziffere sie mühsam und finde sie sehr spannend, lustig, naiv, tragisch oder ganz eigenartig.

Junger, intelligenter und energischer Mann sucht Arbeit in der freien Wirtschaft, mit großem Gehalt. Habe keinen Beruf gelernt. Denkbar wäre für mich eine Stelle als Assistent des Managers, oder Buchhalter, oder als Inhaber einer großen Firma. Ich werde alle Vorschläge prüfen. Tel. Konstantin

Ich kann meinen Weg nicht finden. Ich bin 17 Jahre alt, habe noch alles vor mir. Aber was ist alles? Tumenskaja Gebiet, Zawodoukowsk, Ul. Wostotschnaja, Swetlana

Attraktive Mädchen für reiche Männer. Tel.

Ihr netten, schönen, attraktiven Mädchen! Ihr sucht den reichen Herrn, den Geschäftsmann, den Ausländer – und mich habt ihr vergessen? Bin ich schlechter? Wo seid ihr, die für Geld nicht alles machen? Ich will auch ein Mädchen (17-20 J.) mit perfekter Figur kennenlernen, damenhaft, ernst, ohne Vergangenheit. Ich bin 27/180. Vladimir postlagernd.

Astrologische Konsultationen für alle Probleme einschließlich optimaler Plazierung Ihres Privatisierungsschecks. Kotov, W.M. Tel.

Tausche Privatisierungsscheck gegen IBM PC/AT. Viktor Tel.

Tausche Privatisierungsscheck gegen 4 Liter Wodka. Tel.

Tausche eine Perücke mit langen braunen Haaren oder meine Gemälde gegen Adressen internationaler Hilfsorganisationen. Swetlana Tel.

Suche den Zaren, Fürsten, Präsidenten, Volksdeputierten oder jeden anderen reichen Menschen, der für seinen Hof einen Narren braucht. Ich bin mäßig klug, gesprächig, singe zur Gitarre, kann fein spotten, esse wenig, bin anspruchslos, gutherzig, 23 J. alt. Adresse ist bei der Redaktion dieser Zeitung zu erfahren.

Ich biete schönen Mädchen zwischen 18 und 30 Jahren Arbeit in Italien. Mindestgehalt 2000 bis 2500 $ pro Monat. Nicht intim. Formalitäten sind in drei Monaten erledigt. Andrej Tel.

Weißer Amerikaner (50, reich, sympathisch, schlank) sucht sympathische schlanke russische Lady bis 42 J. zwecks Eheschließung. Stedman, W. Benjamin Holt, USA

Liebe Damen! Wenn Sie einsam sind und nicht imstande, Ihr Auto zu reparieren, so kann ich, ein junger sympathischer, nicht verheirateter Mann (26/178) Ihre Probleme lösen. Ich liebe Technik, Bezahlungsbedingungen nach Vereinbarung. Moskau, Postfach, Alex

Junger Mann 19/185/72, mal solid, mal Bandit, aber immer ehrlich und klug, will Freund eines Mädchens sein (16-20 J.), sympathisch, offen, mit Geschmack und inneren Werten. Aber bitte, berücksichtigen Sie, ich bin kein Altersheim. Moskau, Postfach

Angela! Wenn die Fortsetzung unseres Gespräches über die Farben der russischen Flagge am 10. 11. um 20 Uhr in der Nähe des Hotels „Rossia" für Sie interessant wäre – ich warte dort jeden Samstag und Sonntag ab 18 Uhr auf Sie, bis ich vor Kälte sterbe. Aljoscha

Ich muß im Januar ein Kind gebären. Wer will es kaufen?
420000 Kasan, Postamt Paß Nr. N ... (gilt wie eine Postfach-Nummer, Anmerkung der Autorin)

Das Mädchen in der grünen Jacke, das am 7. November um 13 Uhr im Trolleybus Nr. 57 zur Metrostation „Woikowskaja" fuhr – ruf mich bitte an, den jungen Mann im dunklen Mantel, der dir den bequemen Platz angeboten hat.
Tel. Vladimir

Sorokin, Oleg Alexandrowitsch, geb. 1969, in Reserve entlassen am 22. 06. 92 aus dem Truppenteil N 73450. Er ist nicht nach Hause gekommen. Wer weiß etwas über ihn? Kaluschskaja Gebiet, Kondrowo, Uliza Gerzena, Tel. Die Eltern

Ich will ein eigenes Geschäft aufmachen, aber habe kaum Erfahrung oder finanzielle Möglichkeiten. Geschäftsleute! Nehmen Sie mich in Ihre Firma, gegen hohes Gehalt. Ich werde ein guter Schüler sein. Moskau, Pesotschuij Per., Michail

Ich werde dem viel bezahlen, der mich mit einer Amerikanerin bekanntmacht. Ich bin 28/180. Moskauer Gebiet. Serpuchow, Uliza Kosmonautow. Juri A.

Fleisch

Mein Gott, bin ich Metzgerin oder was? Jetzt habe ich meine Hände schon mit der Nagelbürste geschrubbt, und immer noch hängt da was unter den Nägeln. Igitt! Und da fragt mich meine Schwiegermutter auch noch, als sie das erste Mal bei uns in Moskau ist: „Habt ihr hier auch 'ne Metzgerei?"

Hier in Moskau gibt's, ich muß es kaum erwähnen, keine Metzgerei. Jedenfalls keine nach dem Strickmuster: „Darfs noch etwas mehr sein? Am Stück oder in Scheiben?" Nee. Hier gibt's tatsächlich Geschäfte, da steht außen *Mjassa* dran, Fleisch. Aber was sich da Fleisch nennt, würde ich nicht mal einem Hund zu fressen geben, und ich finde Hunde noch nicht mal gut. In diesen russischen Geschäften werden alte Fettkrusten oder angegrautes Salmonellengut verkauft. Arme Babuschka, die das essen muß.

Ich, reiche Ausländerin, kaufe auf dem Rinok. In dieser großen Markthalle gibt es alles. Frisches Obst und Gemüse, Honig, Milch, Sahne, Geflügel und Fleisch. Von guter Qualität, aber so teuer, daß ein Russe mit durchschnittlichem Gehalt nur zum Gucken kommt. Und weil hier Geld zu machen ist, sind die vier, fünf großen Märkte Moskaus voll und ganz in Mafiahand.

Da war halt heute so ein Rinderstück, das wog fünf Kilo. Soll ich die jetzt bitten, mir das zu zerhacken, weil ich nur zwei Kilo will? Bloß nicht, hab ich einmal gemacht! Da gibt Frau Monopol das einem Mann mit Axt, und der legt es auf einen großen Holzblock. Und haut so dolle drauf, daß ich hinterher zu viele Holzspäne im Fleisch habe. Nee, ich kaufe am Stück.

Nun habe ich das Ding zu Hause und teile es, zerschneide und zerhacke, was mir unters Messer kommt. Hinterher sieht es immer ganz anders aus als beim Metzger in Mainz, aber wenn's zu Gulasch gekocht ist, sieht das kein Mensch.

Die letzte Möglichkeit, in Moskau an Fleisch zu kommen, ist auf dem Markt neben der Metro, an der Straße. Dort verkauft der angereiste Bauer seine Stücke. Er ist so freundlich und präsentiert das Ganze vor sich auf einer Holzkiste. Wenn ein interessierter Kunde kommt, dreht er das Fleisch unablässig in seinen Händen hin und her, mal von rechts gesehen das Stück, mal von links. Alles klar? Und schon dieses Stück Fleisch kann ein Russe kaum kaufen, so teuer ist das.

Billiges Fleisch soll es gegeben haben auf diesem Straßenmarkt. Die Gesundheitsbehörde der

Stadt Moskau hat davor gewarnt. Sie hätten eine Spelunke in der Vorstadt ausgehoben, in der gefangene Hunde zu Gulasch oder Braten verarbeitet wurden. Genau das wurde auf den offenen Straßenmärkten verkauft. Sarkastische russische Freunde haben daraufhin ihrem zugelaufenen Hund den Namen „Schaschlik" gegeben. *Gospodi, kak uschasna.*

Dixieband im Metroschacht. Bei gutem Wetter findet man diese Gruppe auf dem Arbat, nahe dem Restaurant Prag. (Vladimir Filonov)

Die Datscha

Anfang Mai fahren Tausende, ja Hunderttausende von Autos raus aus Moskau, immer mit mickrigen Tomatenpflanzen hinter der Rückscheibe. Die Harke ist dabei, und der alte Sessel, den man nicht mehr braucht. Dazwischen klemmt die Babuschka, auf deren Schoß der Sohn. Darüber stapeln sich Proviant, der Hund, Kissen und Decken, auf dem Autodach sind Stühle, Matratzen, ganze Schränke und Tische festgebunden.

An den Ausfallstraßen warten Verkäufer mit Tomatenpflanzen. Für die Leute, deren eigene Dinger in der dunklen Küche eingegangen sind, oder deren Mitbewohner sie aus Bosheit vergiftet haben, weil man schon wieder zu laut gefeiert hat. All diese Widrigkeiten lassen die Moskauer nun, im Mai, hinter sich und fahren Richtung Datscha.

Je privilegierter man in alten Zeiten war, desto näher liegt die Datscha an der Hauptstadt. Ein alter, verdienter Offizier hat seine Datscha 4o km vor der Stadt, Richtung Süden. Ein Literaturwissenschaftler, der in seiner Jugend mal aufgemuckt hat und seitdem zwar nicht verfolgt, wohl aber geschnitten wurde, hat seine Datscha 3oo km von Moskau entfernt, Richtung Norden. Sag mir, wo deine Datscha liegt, und ich sag dir, wer du warst.

Ich hatte schon letzten Herbst gesagt, wir müssen Erdbeerplanzen kaufen, aber Peter meinte, wir wissen nicht, ob wir unsere gemietete Datscha im nächsten Sommer wieder haben.

Datscha nicht haben? Was ist denn das für ein Leben, hier keine Datscha zu haben? Im Juni ist hier Sense. Aus. Vorbei. Theater schließen, sogar Freibäder lassen das Wasser ab. Montag vormittag und Freitag nachmittag ist An– und Abreise. Da ist kein Mensch in Moskau. Oder hat schon mal einer im Sommer die Meldung gehört: „Wie der Kremlsprecher am Montag morgen betonte...?" Niemals. Und die Schule ist zu für ganze drei Monate. Drei Monate Ferien in Rußland. Was für ein Land!

Das war ja sowas von ungewöhnlich, als die damals im August '91 geputscht haben gegen Gorbatschow. Im August? Der Präsident war auf der Datscha, wie es sich gehört, aber die Putschisten? Denen ist wohl die Datscha abgebrannt, oder was? Nicht zu fassen, im August! Jelzin haben sie damals auch aus seiner Datscha geholt, damit er auf dem Panzer Reden hält. Er hatte noch in Moskau seine Hauslatschen an.

So eine Datscha weit ab ist wunderschön. Vögel piepen, die Sonne scheint. Endlich kein Hochhaus mehr weit und breit. Dafür Gras, und Stämme, die man kleinhackt für's Feuer am Abend. Ich lese in der Hängematte, meine Kinder können endlich frei herumspielen, und Peter behauptet, ein Lagerfeuer machen zu können, weil er früher mal Ministrant war (???).

Der Nachbar hat eine Banja im Garten und lädt uns ein. Die Frauen füttern ihre Kinder mit Stachelbeeren oder frischen Möhrchen. Alle, die nicht unbedingt arbeiten müssen, bleiben den ganzen Sommer dort. Großeltern und Enkel sowieso.

Und hier schaffen plötzlich alle mit soviel Lust, es ist eine Freude, das mit anzusehen. Nachbar Vladimir hat den ganzen letzten Sommer über an einer Garage gebaut. Ohne Steine! Sein Baumaterial war nur Schutt. Er hat Schicht für Schicht eingeschalt und mit Dreck und Zement seine Wände hochgezogen. Natalia Sergejewna links daneben strickt mit ollen dünnen Fäden die Garderobe ihrer Tochter zusammen. Sie sitzt dabei auf einem Baumstumpf vor der Gartentür und paßt auf ihren kleinen Enkel auf. Ihre Haut sieht aus wie trockene Erde, ihr eigenes Strickkleid wirkt wie Baumrinde. Sie ist bestimmt noch keine 45 Jahre, sieht aber aus wie ein altes Mütterchen. Ihr Rücken ist schon etwas krumm, die Zähne völlig ruiniert, die letzten Haare unterm Kopftuch versteckt.

Alle haben prächtige Gemüsegärten, damit werden Vorräte angelegt für den Winter. „Datscha" ist ein schönes Wort. Ferienhaus? Gar Wochenendhaus? Nee. `Ne Datsche ist bloß eine alte Hütte, in der man kochen und schlafen kann. „Datscha", das klingt so schön müde und gemütlich. Mensch Ossis, sorgt doch mal dafür, wenigstens das eine Wort zu uns 'rüberzuretten. *Wui snajete ob etom. No mui na Sapadje njet.*

Erfolgreicher Eisfischer am Stadtrand
(Jewgenij Stetsko) ▶▶

Russischer Müll

Wenn in Moskau eine dieser großen grünen Blechmülltonnen voll ist, kommt die Müllabfuhr? Eben nicht. Ich weiß nicht, wo sie bleibt. Manchmal kommen sie, manchmal kommen sie nicht. Deshalb wird, wenn die Tonne voll ist, oft der Inhalt ausgekippt und angezündet. Ölverschmiertes Papier, Plastik oder Farbreste – alles kokelt auf meinem Spaziergang durch die Nachbarschaft vor sich hin. „Hier grillt was", meint mein Sohn und freut sich.

Ölwechsel? Auf russisch: ich öffne die Schraube unterm Auto und lasse es laufen. Oder ich bitte einen Monteur. Dann öffnet der die Schraube und läßt laufen.

Ich kann das Öl auch auffangen und in eine Werkstatt bringen. Dann kippt es der Mechaniker in die nächste Hecke.

Wenn Pipelines routinemäßig lecken, warum sollte hier einer mein Altöl nicht einfach fallen lassen? Was hab ich schon geschimpft, geschrien und gelitten. Aber wenn ich mich recht erinnere, haben wir das auch so gemacht vor vielen Jahren.

Hausmüll wird getrennt. Ehrlich! Auf russisch natürlich, und das geht so: Irgendeine Frau besticht wohl den Hausmeister gut, oder sie ist seine Tante zweiten Grades. Jedenfalls darf diese alte Dame abends durch unsere Hausflure laufen, um die Flaschen einzusammeln, die wir neben den Müllschlucker stellen. Die meisten dieser Flaschen verkauft sie an Marktfrauen, die diese wieder mit Milch, Saft, Öl oder Essig füllen. Oder sie bekommt ein paar Rubel an der Sammelstelle dafür.

Dimpl, Cointreau, oder andere schicke Westflaschen werden als Sammlerobjekt losgeschlagen. Die Russen stellen sich gern solche Spuren teuren Konsums ins Regal. Im Sinne von: „Schaut her, sowas konnte ich mir mal leisten." Auch, wenn die Kostbarkeit leer gekauft wurde. Selbst leere Bierdosen dienen als Dekoration.

Die zweite Stufe der Mülltrennung befindet sich in einer Art Müllkammer am unteren Ende unseres Müllschluckers.

Dort wühlt Galina Sergejewna, die den Müll wegräumen soll, stundenlang und sehr sorgsam darin herum, um festzustellen, ob sich noch was Brauchbares findet. Den Rest wirft sie in den Müllcontainer.

Noch vor einem Jahr war der meinen russischen Nachbarn zugänglich. Alte Rentner oder kleine Jungs haben weiter darin gewühlt.

Was für eine Welt, wo der eine vom Dreck des

anderen leben muß! Und Moritz fragt: „Mama, warum machen die das?"

Während ich noch nach einer Antwort suche, will mir meine Hausverwaltung diesen Anblick nicht länger zumuten. Jetzt wird sogar unser Müll geschützt und hinter hohen Metallwänden verschlossen.

Und viel später, wenn das letzte bißchen Müll doch noch auf der Kippe landet, gehen Hunderte Arme darüber und finden noch was im Unrat, bevor es die Krähen holen. *Bednaja Rossia.*

Westautos im Osten

Wer sucht seinen schwarzen BMW 32o, mit den Initialen JD an der Fahrertür – kann es sein, daß das Auto geklaut wurde? Ich habe es gesehen, in Moskau. Es geht ihm gut. Es hat drei neue Besitzer, junge Kerle, die die PS so richtig ausfahren. Was fällt mir denn noch auf?

Ein weißer Fiat Tipo, rechts vom Nummernschild hinten ein D, links einen Nicaragua–Aufkleber. Vermißt den jemand? Oder einen blauen BMW, hinten steht ganz groß „BMW Motorsport". Bei dem lohnt es sich allerdings nicht mehr, zu jammern. Er ist sowieso hin, vorn ganz eingedrückt.

Viele dieser Autos fahren auf Moskauer Straßen.

Oft sitzen zwei bis vier Kerle Mitte Zwanzig drin. Mordsmuskeln, Lederjacke oder feines Jackett. Sie haben es meistens sehr eilig oder benutzen immer häufiger die Autos, um sich eine reinzusemmeln. Besser 'ne Beule am Auto, als eine am Kopf. Das D für Deutschland lassen die glatt dran – das gilt in diesen Kreisen als Statussymbol! Selbst unter den neuen Moskauer

Nummernschildern steckt oft noch dieses Plastikding mit der Adresse des deutschen Autohändlers.

Bestimmt nicht geklaut, sondern ehrlich abgearbeitet dürfte der alte Opel Rekord sein. Der hat hinten einen LVM–Aufkleber. Also gehörte er einem deutschen Bauern, der seine Karre womöglich gegen entsprechende russische Erntehilfe getauscht hat.

Auch Mafiosi kaufen ihr Auto. Man hat ja Stil. Und die neuen russischen Geschäftsleute tun es. Ohne Westlimousine und Autotelefon ist man hier nahezu ein Nichts.

Politiker können sich ohnehin nicht mehr sehen lassen im Zil oder gar in einer Tschaika. Jelzin und Co fahren natürlich Benz Zwölfzylinder, kleinere Funktionäre BMW silbermetallic. Fünf Mercedes–Werkstätten hat die Repräsentanz Moskau in den letzten zwei Jahren einrichten lassen; in jeder werden täglich 15o Limousinen repariert.

Dadurch entsteht hier ein völlig anderes Straßenbild als früher: Westautos, massenhaft. Und Staus in der Stadt bis zum Umfallen. Der Markt ist voll in deutscher Hand. Neuerdings erst Amischlitten.

Ein amerikanischer Autohändler erzählt, wie ein zerlumpter Sibirier aus Chabarowsk in seinen Salon kam, mit einer schäbigen Tasche unterm Arm.

Der russische Mitarbeiter will ihn rauswerfen, aber der Mann behauptet, kaufen zu wollen. Also hat der Amerikaner ihn beraten.

Welches Auto hier das teuerste sei? Und die Extras dazu. Sie reden über 80 000 oder 90 000 $. Am Schluß sagt der Chabarowsker dann: „Also ich nehme zwei von denen und drei davon und eins von dem hier links."

Der Ami stammelt was von Sicherheit und Kreditkarte checken und so weiter. Da sagt der Mann aus Sibirien: „Ist nicht nötig, ich zahle bar." Öffnet seine Tasche und blättert die Scheine auf den Tisch.

Soll keiner sagen, hier rollt der Rubel nicht. Und wie!

Sdjes mnoga bagatich ljudei.

Bausatz mit Schrauben

Man war ja schon froh, wenn man überhaupt Regale fand. Ein Freund hat den Laden entdeckt und mir gleich drei Stück mitgebracht. Natürlich baue ich sie selbst zusammen, da lasse ich doch meinen Mann nicht dran, der macht mir ja alles kaputt. Also dann mal los:

Bausatz mit Schrauben und allem Drum und Dran in Pappe – wie beim Möbelhaus aus Schweden. Aber: Ich habe drei gleiche Regale, und in jedem ist ein anderer Bauplan! Die Regale sollten weiß sein, aber weiß ist ein weites Feld: Das linke Brett ist beige, das rechte elfenbeinfarben, das dritte dreckig. Das paßt alles gar nicht zusammen!

In einer Bauzeichnung sind vorgebohrte Löcher angegeben, die ich in einem Brett finde, im anderen nicht. Da hat doch einer auf der linken Fließbandseite gepennt!

Beim Montieren hämmer' ich zwei Holzstifte rein, da kommen die doch glatt an der anderen Seite durch. Zwei Löcher, Furnier ab! Das Brett war dünn wie eine Briefmarke, ich hab es nur zu spät bemerkt.

Manche Kerben in den Schrauben sind nicht tief genug, so daß kein Schraubenzieher sich darin festhalten kann. Ein Gewinde ist ganz weit, das andere zu schmal. Gibt es keine Norm für sowas? Oder drehen die das mit der Hand?

Die Nägel zum Festhämmern der Rückwand haben keine Spitzen. Wieso? Nägel sind doch dazu da, Spitzen zu haben. Warum diese nicht? Glaubt mir das hier einer überhaupt noch?

Die Rückwand ist eine dünne Spanplatte, nur nicht aus einem Stück, sondern, um Platz beim Verpacken zu sparen, aus drei gleich großen Teilen. Die soll ich mit beiliegenden vier unterschiedlich großen Plastikschienen wieder zusammenfügen?!

Das war letztlich der Grund meines Irrewerdens. Zum Schluß steht die Rückwand über, und mein Regal wackelt. Oh Mann!

Es wackelte, als jeder Russe einen Privatisierungsscheck bekam, es schwankte, als Jelzin das Parlament in Fetzen schießen ließ, und es schaukelte auch noch, als Gaidar die Regierung verließ. Es wackelt heute noch.

Mir ist niemals die verwegene Idee gekommen, die Regale zu reklamieren. So etwas habe ich in Moskau noch nie getan. Wenn schon das Kaufen der Dinge ein Akt ist – ist Reklamieren 'ne ganze griechische Tragödie.

Aber: Irgendeinem muß was aufgefallen sein. Irgendeiner hat was gemerkt. Denn: Viele Monate später finde ich wieder solch ein Regal, im „Magasin Kristal", wo eigentlich Gläser und Vasen verkauft werden. Nun haben sie auch Holzregale im Angebot.

Das ist jetzt überall so: Im Spielzeugladen verkaufen sie Chevrolets, in der Musikalienhandlung Toiletten, und im Bücherladen gibt's Strumpfhosen.

Und was soll ich sagen: Sie haben das Ding entscheidend verbessert! Hinten ist sogar eine Kerbe eingesägt, um Platz für die Fußleisten zu lassen. Da wackelt nichts, das klemmt kaum. Die Nägel haben Spitzen, nur ein Gewinde bockt. Fast perfekt!

Nur: Es kostet jetzt einen ganzen russischen Monatslohn; Sperrholzregal, achtzig mal einsfünfzig, hellbraun.

Früher ist man verrückt geworden, heute wird man über den Tisch gezogen. *Slava pribili!*

Ismailovo, der größte Souvenirmarkt der Stadt, im Nordosten Moskaus (Vladimir Filonov)▶▶

Die Wohnungsfrage

Olga bewohnt mit ihrem Mann und dem erwachsenen Sohn eine Drei–Zimmer–Wohnung im Südwesten Moskaus. Die Wohnung wurde vor einem halben Jahr privatisiert. Das war sehr einfach, erzählt sie mir. Ein Zettel, zwei Unterschriften, eine geringe Gebühr, und die Wohnung gehörte den Dreien.

Sie zahlen nur die Hälfte der Nebenkosten wie Heizung, Wasser und Strom, weil ihr Mann Offizier war. Ein altes Privileg.

Die Wohnung kostet sie monatlich nun 1500 Rubel, das sind umgerechnet zwei Mark (im Sommer '93). Sie können die Wohnung verkaufen oder vermieten.

Ausländer wie ich würden für Olgas Drei–Zimmer–Wohnung 600 bis 1000 Dollar Miete zahlen, je nachdem, wie sie renoviert ist. Diese Gewinnspanne ist so irre hoch, daß viele Russen sich dieses Geschäft nicht entgehen lassen. Das bedeutet, man zieht zur Verwandtschaft, rückt noch enger zusammen und schlägt sich die Köpfe dabei ein. Macht aber gleichzeitig so viel Geld, daß arbeiten gehen sich kaum mehr lohnt.

Kein Mensch vermietet in Moskau noch an Russen, die keine Dollar haben oder entsprechend viel in Rubel. Die einzige Chance für einen normal verdienenden Russen, an bezahlbaren Wohnraum zu kommen, ist zu warten, bis Oma stirbt. Oder sie notgedrungen zu vergiften, was tatsächlich häufig geschieht.

Unsere Wohnung war staatlich, als wir einzogen; die sogenannte UPdK betreute ausländische Diplomaten, Geschäftsleute und Korrespondenten und war dem hiesigen Außenministerium untergeordnet. Heute ist die UPdK eine Dienstleistungs–GmbH. Die Miete ist vergleichbar hoch wie in der Frankfurter Innenstadt. Das Geld überweisen wir auf ein New Yorker Konto.

Uns gegenüber wurde letztes Jahr ein sehr edles Wohn– und Geschäftshaus gebaut. Es ist repräsentabel und soll sehr sicher sein, mit Schwimmbad, Sauna, Café, Geschäften und Friseur. Dort kostet eine große Wohnung schon ca. 8000 $. Das ist im Moment das teuerste, das ich kenne. Warum das so teuer ist? Die Antwort lautet: Warum nicht! Solange es Leute gibt, die das bezahlen.

Als Ausländer kann ich in Moskau offiziell immer noch keine Wohnung kaufen. Es gibt natürlich Möglichkeiten, aber mir wäre das Risiko zu groß. Aber sagen wir mal, ich wollte es:

Vor mir liegt die Zeitung: *„Fsjo dela was"*,

was heißt: Alles für Sie, eine Nummer vom Winter 93/94. Angeboten wird eine Fünf–Zimmer–Wohnung nahe der Metrostation *Ochotni Rijad*, das ist unmittelbar neben dem Kreml. 14o qm, Parkettfußboden. Zwei Telefonanschlüsse, im fünften Stock, direkt unterm Dach, mit Lift. Klingt nicht schlecht, was? Das Ganze für lockere 14o ooo $.

Wenn ich diese Wohnung edel renoviere, kann ich sie für mindestens 5ooo $ im Monat als Büro vermieten.

Taschenrechner: 14o durch 5 durch 12, das Ding ist in zweieinhalb Jahren abbezahlt. Renovierung, Schutzgeld und Zinsen nicht mitgerechnet.

Was lehrt mich das?

Man kann hier in Moskau im Moment unglaublich viel Geld machen mit Immobilien. Das weiß allerdings auch die russische Mafia. Und die haben es gar nicht so gern, wenn man mitspielen will bei Monopoly in Moskau.

Das hat schon der wunderbare Schriftsteller Michail Bulgakow vor sechzig Jahren geahnt: „Die Moskauer sind dieselben geblieben, nur die Wohnungsfrage hat sie verdorben."

Bulgakow geni.

Russische Männer

Gucken nicht. Überhaupt nicht. Nicht die Bohne. Insofern wären sie, gäbe es eine Liste der Nationen bezüglich sexueller Belästigungen Sparte Glotzen, an allerletzter Stelle zu nennen.

Nun bin ich gestandene Mutter Mitte Dreißig, hab meine Blagen immer dabei und bin leider auch nicht mehr die Schönste. Vielleicht gucken sie mich deshalb nicht an. Aber selbst wenn ich ganz schick bin, im Auto allein, Sonnenbrille auf, und rüberwinke: „Bitte, fahren Sie doch mal zuerst", lächel, lächel: Nix. Die Jungs gucken ums Verrecken nicht zurück. Wer hier Frauen beguckt, beleidigt sie. Sagt das mal einem Italiener! Aber die Russen halten sich dran. Gucken nicht.

Die glücklichsten russischen Männer habe ich im Sommer gesehen, in der Datschensiedlung. Da werkeln sie ewig rum, bauen russische Banjas aus geklautem Holz oder Öfen aus Abfall. Sitzen abends mit Freunden im Garten, saufen wie die Verrückten, grillen Schaschlik, erzählen sich blöde Witze oder singen harmlos schlüpfrige Lieder zur Gitarre.

Wehe, man weckt die Kerle danach vor drei Uhr nachmittags.

Russische Männer werden auf der internationalen Machobörse als besonders lupenrein gehandelt. Wäschewaschen und Küche is nich. Reparieren und Hämmern dagegen sehr, Autofahren erst recht. Frauen gehören nicht hinter's Steuer.

Ich könnte jetzt all das aufzählen, was unsere Väter Anfang der 6oer Jahre so abgelassen haben. So sind die Russenmänner noch heute. Halten einem den Mantel hin oder öffnen die Tür. Tragen das Gepäck und öffnen die Weinflasche. Sowas darf ich in Gegenwart eines Russen nur machen, wenn ich beteure, die dritte Tochter eines unheimlich starken Bauern zu sein. Hier wird klar getrennt, was Frauen und was Männer zu machen haben. Olga wird verrückt, wenn ich Lampen installiere, Löcher in Beton bohre oder tapeziere. Hier müssen Frauen eh schon so viel machen, wenn wir dann auch noch das bißchen Arbeit der Männer übernehmen, fängt das Weltbild an zu schwanken.

Die russischen Männer stehen vor einer ungeheuren Herausforderung. Die über Vierzig– oder Fünfzigjährigen spüren, daß hier eine Zeit begonnen hat, mit der sie nicht mehr mithalten können. Früher war ganz klar: Hab gute Beziehungen, ein Parteibuch, und wenn's geht einen Studienabschluß. Dann konnte nichts mehr passieren, man war versorgt bis ans Ende seiner

Tage. Egal, ob man gut oder schlecht war, sich angestrengt hat oder nicht. Heute gilt das alles nicht mehr. Die Parteiabzeichen werden auf der Straße als Souvenir an den Klassenfeind verkauft. Solche Männer haben allen Grund, zu verzweifeln. Ihr Leben ist schon jetzt vorbei. Untote.

Den jungen Männern steht alles offen. Aber wegen des enormen Wandels gibt es kaum noch Maßstäbe. Entweder hier verdient einer fast nichts, umgerechnet 100 oder 150 $. Oder ganz viel: Fünftausend, gar dreißigtausend Dollar im Monat. Wenn einer berichtet, er habe ein Geschäft und verdiene damit 700 $ im Monat, schaut man auf ihn herab. Was ist das schon?

Die Auslese, die hier im Augenblick stattfindet, beruht auf dem Prinzip „Fressen oder gefressen werden". Hier tobt der Frühkapitalismus pur, gepaart mit alten, unglückseligen Seilschaften. Der Mann, der dabei sauber bleibt, muß erst noch gebacken werden.

Wie sie als Liebhaber sind, weiß ich ja nu nicht. Aber frage ich Frauen, die es wissen sollten, lächeln die nur selig.

Wie sind sie sonst? Tatsächlich total sentimental:

Einen hab ich mal erlebt (der mußte gucken, wegen: „Frau Siebert, bitte, darf ich vorstellen, Herr Marosow" usw.-), wie auch immer, also ich kannte mal einen, der hat von Moskau, seiner

Heimat, erzählt. Und kriegt dabei nasse Augen, hockt sich hin und streichelt das Gras. Seine Heimat, und ohne diesen Boden, zweites Streicheln, könne er nie leben. Egal, wie schwer es hier manchmal ist.

Das will ich mal erleben, daß mein Bruder zu Hause in Nordhessen den Dorfplatz streichelt. Die denken dann doch, er hätte zu viele gegorene Kirschen gefuttert. *No etat Marosow tosche napilsja.*

◀◀ *Der Bürgermeister von Moskau, Juri Luschkow, und links daneben sein Vorgänger Gawril Popow springen zu Ehren des Tages der Frau am 8. März ins kalte Wasser(!?).*
(Vladimir Filonov)

Bestechung

Da winkt mich die GAI an den Straßenrand, die Verkehrspolizei, die hier an jeder Ecke steht. Ob ich nun wirklich zu schnell gefahren bin oder der Mann Geld spart für 'ne neue Mütze: Tausend Rubel, und die Sache ist gelaufen. Oder Cola, Medikamente, Schnaps und Bier. Dieses Prinzip war mir zu Anfang noch peinlich, hat sich aber so in den Alltag eingefügt, daß selbst mein kleiner Moritz, damals fünf Jahre, seinem Opa aus Frankfurt erklärt: „Weißt du, wenn dich in Moskau die Polizei anhält, mußt du ihm 'ne Tüte Gummibärchen schenken, dann darfste weiterfahren."

In Rußland braucht jeder ein Zweiteinkommen, sonst kommt er überhaupt nicht über die Runden. Es gehört fast zum guten Ton, einem Beamten eine Flasche Whisky oder einen Walkman mitzubringen. Wenn man das nicht tut, braucht man erst gar nicht zu kommen.

Da sitz ich mit Nastja am Freitag nachmittag zusammen und frage, wie man so fragt: „Was machste morgen?"

„Morgen? Kauf ich mir 'nen Führerschein."

Ich denke, ich hör' nicht richtig. „Kaufen? Wieso?"

Nastja erklärt mir, daß es nicht eine einzige Möglichkeit für sie gibt, den Führerschein legal zu machen. Es koste sehr viel Zeit und zuviel Nerven. Nastja versichert glaubhaft: wer drei Monate ununterbrochen Zeit hat, schafft es ohne Bestechung. Sie aber geht arbeiten und hat auch noch Kinder. Also zahlt sie die verlangten 2oo $, und die Sache ist gelaufen.

Trotz dieses Drehs lernt sie sogar Autofahren! Aber das ist ihre Privatsache und hat mit dem Erwerb eines Führerscheins rein gar nichts zu tun. Jetzt wird mir auch klar, warum manche hier fahren wie die Irren.

Ärzte kassieren. Gib mir was, behandle ich dich gut. Gib mir nichts, und du hast Pech gehabt.

Lehrer und Dozenten kassieren. Wenn man denen nichts zusteckt, kann man gute Noten oder gar Abschlüsse vergessen.

Politiker kassieren. Ohne Moos kriegt man in der Regel keinen guten Interviewtermin mehr.

Unser Hausmeister ist auch so einer: Auf unserm Dach ist eine Satellitenanlage installiert, die monatlich gewartet werden muß. Der Hausmeister öffnet dem Monteur der Satellitenfirma die Tür zum Dach nur gegen Bares. Diese Bestechung wird uns später in Rechnung gestellt.

Wer keinen Job noch Gelegenheit hat, um

Schmiergelder kassieren zu können, der macht sich einen:

Vor unserm Haus stand mal ein Bagger. Bevor der Mann anfängt, ordentlich zu graben, sucht er sich erstmal was zum Dazuverdienen. Er findet in erreichbarer Nähe einen Volvo. Den umstellt er mit Hilfe seines Baggers fleißig mit Betonplatten: rechts, links, vorne, hinten. Wunderbar.

Er wartet geduldig.

Der Volvofahrer kommt irgendwann: Oh, schlimm! Auto zugestellt. Sowas aber auch! Was machen wir denn da? Platten wieder wegmachen kostet was. Klar? Volvo hat's ja.

Oder so: Natascha fährt nachts auf einer Straße. Vor ihr eine Pfütze. Eine sehr große Pfütze. Umkehren oder durchfahren?

Sie entscheidet sich falsch, ihr Auto säuft mittendrin ab. Die Pfütze ist einen halben Meter tief.

Plötzlich sind vier junge Männer bei ihr. Rausschieben koste fünfzig Dollar, ganz schnell, sie solle sich beeilen. Sie hat Angst und zahlt prompt.

Als Natascha schließlich im Trockenen steht, beobachtet sie, wie gut die Jungs präpariert sind: Sie haben alle Gummistiefel bis zu den Oberschenkeln und einen Feuerwehrschlauch in Betrieb. Die Pfütze war selbst gebastelt, und allein in den fünf Minuten, die Natascha miter-

85

lebt, werden vier Autos rausgeholt. Macht brutto zweihundert Dollar. Was ist das jetzt? Bestechung? Erpressung? Oder ein neuer Versuch, sich dem Kapitalismus zu nähern? *Kto snajet?*

Alexander Woronzow(38), Schauspieler am Puppentheater
(Vladimir Filonov)

Russischer Winter

Ich gebe es gleich zu: ja, ich trage lange Unterhosen. Es sieht schlimm aus, aber ich wohne ja nicht in Malibu.

Und eine mächtige Mütze auf dem Kopf, Webpelz am Kragen und an den Handschuhen – so sehe ich aus wie Anastasia, die Zarentochter.

Ein weiteres absolutes Muß: Große, imprägnierte und gewichste Lederstiefel. In den Kindergarten, zum Einkaufen, Spazierengehen, sogar ins Theater – immer diese Dinger. Sie sind warm und dicht. Es ist draußen so schmutzig und der Schlamm oft kniehoch, daß es um jeden anderen Schuh schade wäre. Deshalb ist es hier völlig okay, seine Dreckstiefel an der Theatergarderobe abzugeben, und sie gegen die kleinen Schwarzen einzutauschen.

Ich gehe hier niemals auch nur zwei Zentimeter in eine russische Wohnung, ohne vorher meine Stiefel auszuziehen. Sie werden immer gegen *Tapitschki* getauscht, warme Hauslatschen, die ich selbst mitbringe oder vom Gastgeber geliehen bekomme.

Wenn es richtig kalt wird, ist Moskau eine

Traumstadt. Bei Minus 15° oder 2o° Celsius ist der Himmel strahlend blau, der Schnee blendend weiß und verzaubert sogar die sonst so trostlosen Häuser und Straßen. Der Kreml und das ganze Drumherum ist dann der absolute Hammer. Die Menschen sind wie verwandelt und sagen stolz: Das ist ein richtig russischer Winter. Die Kinder gleichen kleinen wandelnden Mumien: dick eingepackt in zwei Pullover, Mantel, Fäustlinge, Schal und Schapka. Sie können kaum noch gehen, wanken eher. Aber Hauptsache warm. Das ist den Russen so wichtig, daß diese armen Kinder auch noch im Frühling und manchmal sogar im Sommer mit Mütze rumlaufen. Und ich werde ewig angelabert, wenn ich mit meinen Kindern draußen bin: Sie seien nicht ordentlich angezogen, dies fehle, oder jenes. Lieb sind sie schon, die Russen.

Bei uns zieht es durch's Fenster. Das ist nichts Besonderes, hier zieht es durch jedes Fenster. Das gehört zum Winter wie Schneeflocken und Schlittenfahren.

Und was macht man da im kalten Osten? Die kleben doch glatt die Fenster und Balkontüren zu. Ganz zu! Die Lücken werden mit Watte oder Schaumstoff gefüllt, und mit etwa sechs Zentimeter breiten Papierstreifen abgeklebt. Als Kleber fungiert Kartoffelmehl oder Kefir. Ehrlich wahr! Kefir klebt wie eine Eins.

Schaumstoffstreifen finde ich im Geschäft

„Tausend Kleinigkeiten" am Gagarinplatz, für Papierstreifen hat Olgas Mann gesorgt: Er hat auf der Arbeit eine große Rolle Computerpapier organisiert und das Ding von einem Kollegen mit der Kreissäge in Scheiben schneiden lassen. Der helle Wahnsinn! Es geht aber auch mit alten Bettlaken, die man in Streifen schneidet. Man kann sie im Frühjahr besser abziehen. Das Papier muß man mühsam abkratzen oder waschen.

Ich bestehe darauf, ein Fenster in jedem Zimmer offen zu lassen, um mal lüften zu können. Auch dafür werde ich schwer getadelt.

Gestern war es trotz abgeklebter Fenster bärenmäßig kalt in unserer Wohnung. Die Heizung blieb total kalt. Nichts ging mehr.

Wir saßen um unseren Radiator im Wohnzimmer und schlotterten.

Siebzehn Stunden war die Heizung im Südwesten Moskaus ausgefallen, und wir mußten dazugehören, wie Hunderttausende andere auch.

Aber, so berichtet die Zeitung heute, solch ein Rohrbruch sei nichts Besonderes. Es waren nur diesmal viele Ausländer betroffen, deshalb gab es so viele Beschwerden.

Die Russen nehmen das klaglos hin. Auch die Tatsache, daß Wasser nur lauwarm kommt oder gar nicht. Und das im Winter. Alles nehmen sie hin wie eine Naturgewalt. Eiskalt.

Ja nikakda ni paimu.

Mein Lada-Niva

Die Russen sind sehr abergläubisch. Wenn man hier schlecht über etwas redet, wird es nur noch schlimmer kommen, sagen sie.

Das habe ich mir im Laufe der Jahre natürlich ein wenig zu eigen gemacht. Deshalb scheue ich mich schon, schlecht über mein Auto zu reden. Womöglich fährt's dann überhaupt nicht mehr.

Aber es ist eine Mistkarre, so! Gesagt ist gesagt.

Ein rostendes, quietschendes, blödes ... Da! Es geht schon los. Sofort kriege ich das Gefühl, das Ding tut's überhaupt nicht mehr.

Zwei Jahre alt. Die Tankanzeige ging zuerst kaputt. Trotzdem weiß ich, daß er im Winter zwanzig Liter auf hundert Kilometer schluckt.

Der Sicherheitsgurt an der Fahrerseite schließt nicht mehr. Die Innenbeleuchtung geht blöderweise nicht aus. Also hab ich die Birnen rausgedreht. Der Zigarettenanzünder wurde geklaut, als man die Scheibe eingeschlagen hat.

Die Batterie hielt ein Jahr. Der Anlasser war nach nur 14 000 Kilometern kaputt. Der zweite wurde so schlecht eingebaut, daß er ein Zahnrad abgebrochen hat von irgendeiner Scheibe, was weiß ich, wie die heißt. Diese wiederum hat den zweiten Anlasser zerstört. Jetzt ist ein dritter nötig *und* eine neue Scheibe. Die Kupplung sei ganz schwach, sagt die Werkstatt.

Und das Ding springt einfach nicht an. Es ist gerade Winter, okay. Und auch bärenmäßig kalt. Jaah. Ihm sei verziehen, ab und zu. Aber ich fahr doch keinen Fiat! Ich habe ein russisches Auto. Das muß doch wissen, was Minus zwanzig Grad sind. Ist doch nicht zum ersten Mal Frost hier, Himmel noch mal.

Eiert da jeden Morgen rum, en–en–en, und ich hoffe und warte, kommt er heute morgen oder kommt er nicht.

Meine Kinder sitzen hinten und sind dann immer ganz still. Lauschen wie ich, ob es Anzeichen dafür gibt, daß die Kiste doch angeht. Und weil sie wissen, wie schlecht ich gelaunt bin, wenn das Ding nicht läuft, und weil sie dann zu Fuß durch den Schnee zum Kindergarten müssen, schreien sie laut und fröhlich „Hey! Jippi!", wenn der Motor endlich läuft. Jeden Morgen das gleiche Ritual.

Auf so ein Auto ist doch kein Verlaß. Wenn ich abends in die Stadt fahre, und er tut's nachts um zwei nicht? Was dann? Oder raus aufs Land und irgendwo einsam parke?

Aber wenn mein Niva sich bequemt und fährt – klasse!

Da brettere ich durch den Schnee wie nichts, schalte, wenn's nötig ist, auf Vierradantrieb und fahre durch Schneewehen, in die ich mich früher nie hineingetraut hätte. Und wenn ich beobachte, wie die feinen Westautos rumrutschen, bin ich mördermäßig stolz auf meinen Niva.

Neulich geigte hinterm Haus ein Nigerianer in Sommerreifen vor mir her und kam nicht vom Fleck. Er bat um Hilfe, da habe ich ihn ganz sanft mit meiner Stoßstange weitergeschubst.

Und mich auch endlich bei anderen Nivafahrern erkundigt: Wenn man das Schätzchen ganz ruhig behandelt, zart den Choke zieht, vorher die Kupplung pumpt, langsam das Gas drückt– hier nicht pumpen!– und vorsichtig einmal startet, dann ... kommt er besser. Stimmt. Das mach' ich schon eine Woche, und es klappt ganz gut.

Hach, sind die Russen sensibel, wer hätte das gedacht!

Eta ja ni dumala.

Nur ein Paar Schuhe

Meine einzigen Winterstiefel sind hin, aber so total, daß schon Wasser reinläuft. Ich brauche neue.

In Moskau gibt es mittlerweile zwanzigtausend Kioske. Das kapitalistische Zeitalter beginnt mit Kiosken. Danach kommen Mercedesse, dann Schnapsverkäufer, Missionare, schließlich Räuber und Gendarme. Aber zuerst Kioske.

Auch Schuhkioske gibt es, ja! Da kann ich von außen durch die Scheibe gucken, ob mir ein Schuh zusagt, optisch gesehen. Dann frage ich durch die kleine Sprechluke in gebückter Haltung, ob ich eventuell den dritten Schuh von links oben in 39, ja? Danke. Dann muß ich mich auf ein Bein stellen und den Schuh an den andern Fuß ziehen. Nicht auftreten! Denn sonst wird er schmutzig.

Nee, Schuhkioske sind nichts für mich.

Ich gehe ins Kaufhaus GUM, das berühmte am Roten Platz, zu Salamander. Hat aber die Tür zu. Licht haben sie an, Verkäufer sind auch da, aber wann sie aufmachen, steht nicht dran.

Vor Karstadt ist eine Schlange von, ich zähle immer alles, von hundertdreißig Leuten. 13o! Ich schau in andern Geschäften, suche, aber nirgendwo sind ordentliche, feste Winterschuhe zu finden. Also stelle ich mich doch hinten an. Nummer 131.

Die ersten zehn Minuten gucke ich Schaufenster. Karstadt verkloppt hier Sachen, die sie wohl zu Hause nicht loswerden. Männerunterhosen mit weißem Ripp an blauer Kante. Synthetikdessous in Pink oder mit Pünktchen. Sommerschlabberhosen für den Strand, jetzt und hier, im russischen Winter.

Die zweiten zehn Minuten frage ich mich, warum hier so viele Russen stehen und reinwollen. Vor den teuersten Geschäften sind Schlangen: Benneton, Sisley, italienische Mode – irre teuer. Aber die Leute kaufen wie die Verrückten. In zwei Monaten sollen die Zölle für Westwaren erhöht werden. Vielleicht deshalb. Oder sie gucken nur, was der Kapitalismus so alles bietet.

Die dritten zehn Minuten denke ich, verdammt, was mache ich eigentlich hier? Aber ich kann nicht weg, ich brauche was an die Füße. Eine halbe Stunde ist um. Ich sage dem Mädel vor mir, es soll mal meinen Platz freihalten und gehe zu Salamander. Die haben immer noch zu. Wieder rein in meine Schlange.

Die vierten zehn Minuten gucke ich, ob ich einen schönen Russen sehe. Schau mir alle Män-

ner an, die vorbeikommen. Es gibt keine schönen Russen. Nicht vor Karstadt.

In den fünften zehn Minuten denke ich mir, das erzähle ich jedem, wie lange ich vor Karstadt stehen mußte. Jedem!

Als ich das letzte Mal in Deutschland war, habe ich vor einem Lift im Parkhaus gewartet, und der ließ doch glatte zwölf Sekunden auf sich warten. Da regt sich ein Mann hinter mir auf: „Na nu los, wann kommt der denn endlich?"

Ich hab mich blöd gelacht. Der Typ wußte natürlich nicht, warum.

Nach einer Stunde bin ich im Karstadt. Eine Stunde!

Natürlich kaufe ich dann, endlich drin, alles, was mir unter die Finger kommt. Zwei Paar Schuhe, ist mir doch egal, was es kostet. Oder soll ich mich mal eben bei Salamander anstellen, um die Preise zu vergleichen, was?

Los, singt: „Gut einkaufen, schöner leben, Karstadt!"

Ja lublju tebja.

◄◄ *Der alte und der junge Mann. Sojus ist das erste Wort einer Kiosk-Schrift: Sojus pjetschat – Sowjetische Presse. Heute werden in diesem Kiosk Videos verkauft, Zigaretten und Getränke.* (Vladimir Filonov)

Ungeziefer

Gerade ist wieder eine vorbeigehuscht und versteckt sich jetzt hinterm Klavier. Wie soll ich denn in Ruhe arbeiten, wenn hier im wahrsten Sinne des Wortes die Mäuse tanzen? Früher hatten wir nur Kakerlaken, aber seit einem halben Jahr auch Mäuse.

Nach einer Viertelstunde hör ich's wieder rascheln, und das Vieh kommt hervor. Es will unter demselben Türspalt heraus, unter dem es hereingekommen war. Hat aber offensichtlich was zu fressen gefunden hinterm Klavier. Denn jetzt ist der Bauch zu dick, und das Mäuschen kommt nicht durch. Müht sich, nimmt Anlauf. Wird wütend, hebt den kleinen Arsch, rennt mit den Hinterbeinen, die Schnauze schon drüben. Und ich schaue zu, verliere für einen kurzen Moment meine Abscheu und finde es richtig komisch, mein Ungeziefer.

Ich habe eine Mausefalle. So'n Killerding, das sie zerquetscht. Als ich die erste fange, ekle ich mich furchtbar. Wer holt die zerschmetterte Leiche nun da raus und wirft sie weg? Allein vom Hingucken wird mir schlecht.

Peter muß plötzlich ins Büro. Und meine liebe Olga, die mir im Haushalt hilft, ist auch nicht sehr angetan.

Ich schlage ihr vor, wir holen irgendwelche Männer von der Straße, geben denen tausend Rubel oder einen Dollar und die entsorgen dafür die Maus.

In diesem Moment bemerke ich Olgas ersten kapitalistischen Blick, es ist die Entstehung des Dienstleistungsgedankens.

Ob sie den Dollar extra kriege, wenn sie die Mäuse übernimmt?

„Klar", sage ich.

„Jede Maus einen Dollar?"

„Ja", sage ich, „jede tote Maus, die aus meiner Wohnung geschleppt wird, einen Dollar."

Seitdem ist Olga in diesem Gewerbe tätig. Während unseres Urlaubs hatte sie auch welche gefangen und tiefgefroren(!), bis ich wiederkam. Damit ich nachzählen konnte, wegen der Dollar.

An unsere Kakerlaken werde ich mich nie gewöhnen. So 'ne ekeligen Dinger! Sie krabbeln überall, auf dem Klo, im Bad, im Wohnzimmer. Und in der Küche. Alle sechs Monate hole ich den Kammerjäger ins Haus. Der sprüht ein Gift, das den Chininmantel der Tiere zersetzt. Viele sterben gleich, andere erst innerhalb einer Woche. Beim ersten Mal habe ich sie gezählt. Ehrlich. Ich wollte unbedingt wissen, wieviele es letztendlich waren. Ich schwöre: 52o Stück. Tote

Kakerlaken in meiner Wohnung. Sie regneten regelrecht von der Wand. Selbst der Kammerjäger war erstaunt, wieviele wir haben. Das glaubt mir jetzt wieder kein Mensch!

Meine Kinder haben keine Probleme mit dem Ungeziefer. Im Gegenteil. Lukas, der Kleine, begrüßt jede Ratte, die im Abfall wühlt, mit einem „Oh, süß!", als sei es ein weißes Kaninchen. Und Moritz? Er hat zum sechsten Geburtstag ein Mikroskop geschenkt bekommen. Jetzt wird alles untersucht.

Kommt er gestern morgen und motzt herum: Wer hat meine tote Kakerlake weggeräumt, hä? Ich habe sie gestern extra hier auf diesen Tisch gelegt. Kakerlaken Grzimek. *Harroschi maltschik*.

Russische Pausen

In Rußland gibt es Millionen Möglichkeiten, sich zu verdrücken. Manche Leute hier sind derart kreativ in dieser Art von Beschäftigung, daß ich nur staune und lerne – denn auf solche Ideen kommen wir armseligen Arbeitstiere im Westen nie.

Wir entspannen ab und zu mal und machen einfach blau. Hier aber hat sich die Drei–Tage Woche faktisch bereits durchgesetzt. Aber nur aus der Not heraus, auch noch seine zweite oder dritte Arbeitsstelle aufzusuchen. Sonst reicht das Geld nicht.

Als Alibi dient etwa die schöne Begründung: *Panidjelnik*, was einfach nur Montag bedeutet. So ein Wort an die Tür geklebt, und schon ist montags immer zu.

Sehr menschenfreundlich ist auch die hiesige Feiertagsregelung. Fällt ein Feiertag auf einen Samstag oder Sonntag, hat ein deutscher Arbeiter Pech, ein russischer nicht. Der vermeintlich verlorene Tag wird einfach nachgeholt. Vorbildlich integriert zeigt sich hier die deutsche Kolonie in Moskau: Die Botschaft macht mitsamt

Schule und Kindergarten an allen erreichbaren Feiertagen zu: evangelische und katholische im nordrheinwestfälischen Sinne, gesamtdeutsche, die wichtigsten russischen sowie die wichtigen russisch Nachgeholten. Ich plädiere schon lange dafür, im multikulturellen Sinne sozusagen auch die anderer Nationen mitzufeiern.

Was aber macht Verkäuferin Lena, wenn sie Verlobung feiern will und drei Wodka dabei hat, und es ist nicht Montag und auch nicht Feiertag? Dann nehmen wir Schild Nummer zwei: *Sanitarni Djen.* Man hört's schön raus: Sanitärer Tag; hier wird saubergemacht, im Prinzip. Dieses Schild hat den Vorteil, daß es von einem ganzen Tag spricht. Man kann sich also ruhig zulaufen lassen, denn es wird nicht wieder geöffnet.

Will man nur zwei, drei Stündchen Pause machen, oder Einkaufen gehen, oder mit Muttern in Kasan telefonieren, kommt Schild Nummer drei zur Anwendung: *Sakrit pa technitscheskim pritschinam*, was „Aus technischen Gründen geschlossen" heißt.

Das ist im Idealfall ein Wasserrohrbruch, oder das Licht ist ausgefallen, oder der Strom unterbrochen. Aber würde man jedesmal dieses Schild heraushängen, wenn irgendwas nicht geht, wäre ganz Rußland „aus technischen Gründen" geschlossen.

Falls ein Zuständiger gefunden wird, der

schon begonnen hat zu überlegen, was zu tun ist, wechselt die Aufschrift auf dem Schild in: *„Sakrit na remont"*; wegen Renovierung geschlossen. Solange renoviert wird, können sich die andern verdrücken.

Nun arbeiten wir uns weiter vor zu meiner Lieblingsausrede: *Prafilaktitschiskije raboti*. Man hört's schon raus, nicht wahr? Prophylaktische Arbeiten. Vorbeugend. Um erst gar keine Panne entstehen zu lassen. Daraus läßt sich was machen.

Ein Handwerker könnte sagen: Ich will mal eine Woche lang nur meine Werkzeuge einfetten, prophylaktisch sozusagen.

Oder eine Hausfrau meint: Ich mache mal prophylaktisch heute gar nichts, weil ich es sonst ans Kreuz kriege vom Putzen.

Ist ja wahr, oder nicht?

Und das machen nicht nur Handwerker und Hausfrauen, das gibt es sogar beim russischen Radio und Fernsehen! So einmal im Monat heißt es da:

„Meine Damen und Herren, wir weisen Sie darauf hin, daß morgen von na, neun bis fünf nicht gesendet wird, wegen prophylaktischer Arbeiten." Und in dieser Zeit bleibt der Bildschirm grau, der Kanal stumm. Ist das nicht der Hammer? Da legen die die Füße hoch und schalten die Kiste ab! Traumhaft. *Prafilaktitschiskije raboti. Fsjo.*

Moskauer sammeln Kohlköpfe neben der Autobahn. Das Gemüse wurde aus unbekannten Gründen weggeworfen. (Vielleicht gab es eine Auseinandersetzung zwischen zwei verfeindeten Mafiagruppen und eine war gezwungen, die Waren abzuladen und wegzufahren). Moskauer kamen und nahmen den Kohl mit nach Hause. Der Berg verschwand innerhalb weniger Stunden. (Igor Samokchwabov)

Parken

Erstmal ganz wichtig: egal, wo das Auto steht, immer vorher die Scheibenwischer abmontieren. Sonst sind sie später weg. Ersatzteile für Ladas sind so schwer zu bekommen! Wäre ich Russin und mir fehlten welche, ehrlich gesagt, ich würde sie auch klauen.

Wenn ich in der Innenstadt parke, dann leider oft im Halteverbot, es ist ja nur für fünf Minuten. Wenn die GAI, die Verkehrspolizei, mich persönlich erwischt, freut er sich. Denn Ausländer hassen Laufereien und zahlen dafür lieber mehr. Die Strafe wird ohne Protokoll kassiert und dient dem Manne als Zweiteinkommen. Trifft er mich nicht an, montiert er mein Nummernschild ab. So bin ich gezwungen, es irgendwo abzuholen und meine Strafe zu bezahlen.

Freiparken können sich große Limousinen wie BMW und Mercedes mit Moskauer Privatkennzeichen leisten oder, noch schlimmer, solche ohne Nummernschild. Die gehören sehr oft der ehrenwerten Gesellschaft und kein noch so tapferer GAItschik traut sich, denen zu nahe zu kommen.

Hinter unserem Haus ist ein bewachter Parkplatz. Ein Stellplatz kostet dort im Jahr lockere tausend Dollar und mehr.

Vor unserem Haus parke ich umsonst. Das will den Betreibern des bewachten Parkplatzes hinten nicht in den Kopf.

Mit meinem Freund Stefan haben sie's probiert: Beim ersten Reifen dachte er noch, „Mist, in einen Nagel gefahren!" Das nächste Mal waren zwei gleichzeitig dran. Und dann nochmal.

Da kommt man schon ins Grübeln, ob man nicht doch der Aufforderung nachkommen soll, auf den bewachten Parkplatz zu wechseln.

Stefan hat dank seinem guten Kontakt zur Reifenmontage diese Attacke durchgestanden. Meine Nachbarin Karin dagegen war es leid. Reifen kaputt, das Auto aufgebrochen, mal dies geklaut, mal jenes. Auch bei Peters Dienstwagen war die Scheibe zweimal hintereinander eingeschlagen. Und dazu immer der deutliche Hinweis, daß dies alles auf dem bezahlten Parkplatz nicht passieren könne.

Im Hof steht ein kleines Wachhäuschen. Zu Sowjetzeiten hat die Miliz auf uns aufgepaßt, heutzutage sind es Leute in Zivil. Diese Jungs wollen den Kapitalismus auch nicht an sich vorübergehen lassen.

Eines Tages kostet erst der Platz rechts vom Häuschen einen Dollar die Nacht, dann auch der Platz links. Später folgen weitere. Sie nehmen einen x–beliebigen Parkplatz – vielleicht spucken sie drauf, was weiß ich –, und er gehört ihnen.

Und wehe, man stellt sich drauf, ohne bereitwillig zu zahlen.

Ich bin mal abends heimgekommen, strömender Regen, zwei Kinder im Auto. Stelle mein Auto ab, in der Nähe meiner Eingangstür, und will die Kinder ausladen. Da macht mich der Typ an, für den Platz müsse ich jetzt zahlen.

„Ich parke immer hier", maul ich ihn an.

„Nu ja gut", meint er, „aber jetzt kostet der Platz einen Dollar." Wenn ich zahle, sei ja alles gut.

Die Kinder werden naß, ich werde stinksauer. Schreie ihn an, ich wohne hier, und wo das denn steht, daß er hier plötzlich kassieren kann. Es hat alles keinen Zweck. Ich suche mir einen andern Platz. Würde ich einfach stehenbleiben, wäre mein Auto morgen weg. Oder die Fenster eingeschlagen.

Ich sollte mich bei der Hausverwaltung beschweren, ja? Diese Leute sind die Hausverwaltung! *Spakoini notschi, Rossia!*

Der achte März

Heute ist Frauentag in Rußland. Das ist genauso bescheuert wie Muttertag bei uns, mit Blumen, warmem Händedruck und Sülzereien. Aber noch nicht mal Frühstück ans Bett ist drin.

Die russischen Frauen machen alles, die russischen Männer nichts. Das ist jetzt sehr verkürzt gesagt, aber im Prinzip stimmt es.

Die russischen Frauen gehen arbeiten. Quälen sich eine Stunde in der Metro rum oder drängeln sich im Trolleybus. Hängen stundenlang in Instituten rum, lassen sich dort von unfähigen Natschalniks, den männlichen Vorgesetzten, nerven oder tragen Eimer mit heißem Teer über die Straßen, graben Kanäle, kehren Flure oder konstruieren Panzer.

Zu Hause kochen sie und putzen.

Sie kaufen ein, was in Rußland überhaupt nicht witzig ist. Heutzutage muß man zwar nicht mehr Schlange stehen, dafür aber von einem Geschäft zum andern laufen, um zu schauen: gibt's was, und wenn ja, kann ich mir das leisten? Sie bekommen noch sozialistische Löhne für schon kapitalistische Preise.

Sie kümmern sich um die Kinder. Mal geht der Vater mit den Kleinen spazieren, das schafft er gerade noch, aber damit hat sich's auch.

Wäsche waschen sie mit der Hand, eingeweicht in der Badewanne oder im großen Topf gekocht, wie früher meine arme Mutter. Trocknen muß man es auf dem eh schon vollgepackten Balkon oder im Zimmer. Kellerraum oder Trockenboden haben die Russen nicht.

Die russischen Frauen fahren im Sommer hundert und mehr Kilometer mit dem Zug, um zu ihrer Datscha zu kommen. Dort bauen sie Obst, Kartoffeln und Gemüse an, verteidigen das Ganze gegen Räuber, Ungeziefer und Vandalen. Und kochen soviel ein, daß es für die ganze Familie und die Freunde reicht, den langen Winter über. Die dafür nötigen Gläser sammeln sie das ganze Jahr über oder kaufen sie auf dem Markt.

Die russischen Männer sind blöd, lethargisch und versoffen. Und warum? Weil die russischen Frauen ihre Söhne und Enkel derart verziehen, verwöhnen und verhätscheln, daß mir allein vom Zusehen schlecht wird.

Fällt der Junge hin, wird er aufgehoben und getröstet.

Hat er Hunger, wird er gefüttert. Er macht sich kein Brot selbst.

Will er was zum Spielen, arbeiten die Mütter extra, um es kaufen zu können.

Brüllt der Sohn, flöten die Mütter zurück.

Hat der Junge Liebeskummer, schimpfen die Mütter auf die Mädchen.

Heiratet er endlich, beziehen die Mütter noch das Bett und lassen den Jungen immer noch nicht los. Lieben sollen sie die Mütter, bis die endlich tot umfallen. Aber dann sind die Söhne selbst schon fünfzig und nie erwachsen geworden. Sie waren kaum Partner der eigenen Frau, haben diese wiederum allein gelassen mit der ganzen Arbeit. Und die junge Frau hat sich inzwischen einen Ersatzmann geschaffen: ihren eigenen Sohn. Der Kreis hat sich geschlossen.

Und deshalb sind solche Frauen auch selber schuld an der ganzen Misere. Sollen sie sich doch Blumen schenken lassen.

At duschi!

Das Schwimmbad

Wenn ich unbedingt Westkomfort will, kauf ich mir 'ne Jahreskarte für den Sportclub im Hotel Penta. Vater, Mutter, und zwei Kinder kosten mal eben satte 42oo Mark. Oder einmal ins Wasser springen im Hotel Meschdunarodnaja lockere 84 $. Einmal! Ja, auch der Zweijährige zahlt.

In der deutschen Botschaft in Moskau gibt es auch ein Schwimmbad. Schlecht leben sollen sie ja nicht, die Jungs. Es hätte eigentlich das Schwimmbad für die deutsche Schule werden sollen, aber dann kam die Vereinigung dazwischen, und die Schule mußte nicht in der Botschaft untergebracht werden. Also verfügen die Damen und Herren nun über einen Pool.

Dort können wir nur baden, wenn uns diplomatische Freunde dazu einladen. Und die müßten auch jedesmal mit uns ins Wasser kommen, denn meine Kinder dürfen ohne den sie begleitenden Diplomatenpopo nicht planschen. Vorschrift Nummer 5x–A, Titel: Proleten in der Botschaft, was weiß ich.

Moskauer Bäder zu besuchen, kann mühsam sein.

Man muß Badekappe tragen und in Latschen laufen. Es ist kalt, oft schmutzig und unbequem, also nix mit Palmen, Saft und Liegestuhl.

Zu allem Übel muß man auch noch ein Seuchen–Attest eines Moskauer Arztes vorzeigen, das nicht älter als drei Monate sein sollte. Richtig: Konjunktiv. Meine Bekannte Vika hatte von einem Arzt einen ganzen Satz Atteste bekommen:„Nu, Mädel, schreib dir die Dinger selbst." Und sie erzählt mir, bei ihrer Mutter schreibe der Arzt erst gar kein Datum rein, sondern notiere: „Gültig für die nächsten sechs Monate." Welche? Ab wann? Eben. Hauptsache, der Zettel hat einen Stempel.

Wir haben schließlich doch eine Schwimmlösung gefunden. Und zwar so: Mein Sohn hat einen Tennislehrer, Mischa. Sie spielen in der alten Akademie für Volkswirtschaften. Dort hat Mischa eine Halle gefunden, in der er trainieren kann. Nur eine Tür weiter ist ein Schwimmbekken. Mischa macht's möglich. Dort können wir schwimmen, regelmäßig und nicht zu teuer.

Aber wie kommt Tennislehrer Mischa an diese elitäre Akademie?

Früher war das *die* Topschmiede der sowjetischen Planwirtschaftler. Aha! Nu wissen wir, warum die nicht ordentlich das Planen gelernt haben; sind immer nur schwimmen gegangen und haben Tennis gespielt. Nu hamwer den Salat.

Heute werden hier *Bisnjessmeni* gemacht, Manager nach westlichem Vorbild. Die haben keine Zeit mehr zum Rumbummeln, deshalb ist das Becken für uns freigeworden.

Mischa hat sich die Hallenzeit zusammenbestochen. Nur eine Bedingung war zu erfüllen: er mußte wenigstens pro forma eine Firma sein. Gut, sagt er: Ich bin eine Firma. Nee, sagten die. Eine richtige Firma! Mischa dachte nach: Ein Freund hatte gerade eine gegründet. Fa. Planeta, Zahnersatz, Moskau.

Und unter diesem Namen läuft jetzt das Trainingsprogramm meines Sohnes, und auch ich sage, wenn ich am Diensthabenden vorbeikomme: „Guten Tag, Fa. Planeta, Zahnersatz. Wir gehen hier schwimmen."

„Bitteschön", winkt er uns dann rein. „*Wchaditje.*"

In der Galerie (Vladimir Filonov) ▶

Geschenke

Ich habe das ganze erste Jahr hier in Moskau gerätselt: Was stimmt mit meinen Geschenken nicht?

Ich konnte mitbringen, was ich wollte – Lippenstift, Kettchen, Zigaretten – keiner hat sich hier darüber gefreut. Dachte ich. Anderen Bekannten ging's ähnlich: Der deutsche Chef brachte seinen russischen Mitarbeitern etwas mit und hörte nur ein: Ja, danke. Das Päckchen wurde schnell weggesteckt. Nicht angerührt, nicht ausgepackt.

Irgendwas stimmt hier nicht. Sind die Russen so unfreundlich, so undankbar? Oder nerven wir sie mit dem: „Hier haste was aus dem Westen, nun freu dich gefälligst?"

Nach einem Jahr frage ich endlich Tanja: „Was ist los?"

Es ist unglaublich, ein Mißverständnis ersten Ranges!

Kriegen wir Deutschen was geschenkt, sagen wir erst mal brav: „Danke, das war doch nicht nötig." Undsoweiter. Halten das Päckchen weiter in den Händen, widmen uns etwa fünf Minuten ganz dem Geber. Und dann packen wir es in dessen Gegenwart aus. Stimmt's? Und bewundern es nun: Das hätten wir uns schon lange gewünscht, oder damit hätten wir ja gar nicht gerechnet und mehr.

Dann erst legen wir es weg. Meistens auch noch auf einen sogenannten Gabentisch. Für alle andern sichtbar: Hier, das habe ich gekriegt.

Der Russenknigge verlangt etwas ganz anderes:

Wenn dir einer was schenkt, und sei es noch so toll, und du bist noch so neugierig: Zeig das bloß nicht deinem Gegenüber! Das ist sehr unfein. Nimm das Geschenk an, sag kurz danke, und leg es weg. Nun widme dich ganz dem Geber selbst. Wenn der gegangen ist, dann erst darfst du es öffnen.

Tanja erzählt mir, wenn man das nicht tue, gebe man dem Gegenüber das Gefühl, nicht er selbst sei wichtig, sondern die Sache, die er mitgebracht hat.

Also das war es! Gute russische Freunde helfen uns jetzt ein bißchen und packen es doch aus. Weil wir's brauchen.

Aber Achtung! Dieses Verhaltensmuster gilt nicht, wenn es um Geschäfte geht, um *bisnjess*. Die nächste Geschichte beweist es:

Ein süddeutscher Geschäftsmann ist in Georgien, ein lukrativer Vertrag kommt zustande. Sein georgischer Partner schenkt ihm aus

Dankbarkeit einen Ring. Den solle er seiner Frau mitbringen. Der Deutsche lehnt ab; das ginge doch nicht, so ein teures Geschenk und ziert sich. Aber der Georgier schaut ihn böse an. Ob er ihn beleidigen wolle?

Nun gut, der Deutsche nimmt den Ring. Und läßt ihn zu Hause vom Juwelier schätzen: Er ist mal eben 45 000 DM wert.

Der Mann gerät ins Schwitzen, er gibt den Ring nicht seiner Frau, sondern legt ihn in seinen Safe.

Einige Wochen später ist der Georgier in Deutschland. Es geht wieder um Handel und Geschäft, und als sie fertig sind, sagt der Gast: „So, nun komm, mein Freund, wir fahren in ein Autohaus."

Der Deutsche staunt: „Was für ein Autohaus?"

„Ich hab mich noch nicht entschieden. Kauf mir einen BMW, oder soll ich bei Mercedes bleiben? Mal schauen."

Der Deutsche traut seinen Ohren nicht :„Wieso soll ich dir ein Auto kaufen?" Der Georgier schaut nur, und der Deutsche versteht. Und kauft dem Mann das Auto. Teurer als dessen Ring natürlich.

On bolsche nikagda nitschewo nje wasmjot w padarak.

4. Oktober 1993

Es ist ein wunderschöner, sonniger und warmer Tag in Moskau. Der Verkehr läuft bis auf die Straßen ums Weiße Haus völlig normal. Ich fahre eben noch mit dem Auto spazieren, gehe in den Park, oder schaue in den Geschäften vorbei. Alles ist wie sonst. Die Moskauer kaufen oder verkaufen, kehren den Hof oder waschen das Auto.

Ich frage eine junge Frau, die mit ihrem Kleinkind unterwegs ist. „Angst, nein, warum?" fragt sie. „Wir sind doch weit weg vom Geschehen in der Stadt."

Ein deutscher Geschäftsmann lädt Waren aus, er leitet hier ein Elektronik–Geschäft. „Alles läuft wie sonst", sagt er. Kunden, die sich für heute angesagt hätten, kommen auch. *Business as usual.* Die Fotografin, der Fahrer, der Wächter vor der Bank: Niemand regt sich auf, nur eine alte Frau wird bitter, als ich sie anspreche: „Ich bin der Meinung, Jelzin muß weg. Dieser Alkoholiker! Er hat das Land runtergewirtschaftet, die Sowjetunion vernichtet. Das Land in die Armut getrieben. Heute habe ich tausend

Rubel ausgegeben. Für einen Liter Milch, Brot, und das war's. Seit der Perestroika habe ich keine Wurst mehr kaufen können, kein Fleisch. Ich habe 20.000 Rubel Rente im Monat. Arznei kann ich nicht kaufen. Deswegen bin ich der Meinung: Jelzin muß weg." Aber all das hat sie auch schon gestern gedacht.

Der Geschäftsführer eines Autosalons mit starken und teuren Westautos will schnellstens Wahlen. Das sei besser fürs Geschäft als „solche blödsinnigen Spinnereien vor dem Weißen Haus".

Meine Bank hat zu. In unsicheren Zeiten fällt der Rubel so sehr, daß die Wechselstuben schließen, bis sich der Kurs erholt hat.

Vor der Universität habe ich Menschen erwartet, die diskutieren. Aber es ist fast leer, wie sonst auch.

Julia kommt, sagt mir, sie denke gar nichts. Politik sei Sache der Männer. Valodja erzählt, sie hätten auf Anregung der Dozentin in der ersten Doppelstunde diskutiert. Einer habe diese Meinung, der andere jene gehabt.

Ich gehe rein, laufe durch die Gänge, suche Diskussionsrunden. Nichts. Studenten verlassen oder gehen in Hörsäle. Man trinkt Tee, kauft Kekse. Aber sonst? Getuschel zu zweit, ab und an.

Von den Leninbergen aus hat man einen guten Blick auf Moskau. Jeder Tourist kennt diese

Stelle. Hier stand auch Napoleon, schaute damals auf das brennende Moskau. Heute brennt das Weiße Haus. Ein paar Leute stehen rum, nicht mehr als sonst, schauen sich das an. Geschäftstüchtige haben Fernrohre aufgestellt, für einen guten Blick zahlt man 5oo Rubel.

Ein Mann sieht mein Mikrophon und spricht mich an: „Hören Sie, ich bin Bauarbeiter, hier an der Metrobrücke. Die Miliz hat gesagt, wir sollten heute vorsichtig sein. Sie haben Angst, daß jemand die Brücke sprengt. Wenn ein Fremder kommt, sollen wir ihn festhalten, oder, wenn er sich wehrt, in den Fluß werfen." „Und? " frage ich zurück. „Tun Sie's?"

„Wie denn?" antwortet er und grinst etwas. „Hier stehen ja nur Fremde. Sollen wir alle ins Wasser werfen?"

Das Weiße Haus ist oben schwarz gefärbt vom Ruß. Eine junge Familie steht am Geländer und starrt hinüber. „Es ist eine Schande", sagt der Mann, „sowas hat die Welt noch nicht gesehen. Sowas passiert nur in Rußland. Es ist abstoßend." Er hält sein Kind im Arm, und seine Frau hält sich an ihm fest. Sie starren weiter auf die Stadt. *Ani bajaza.*

Mein Küchenfenster

Ich wohne in einem riesigen Plattenbau, im siebten von sechzehn Stockwerken. Um mich herum ebenfalls nur Hochhäuser, riesige Karnickelställe. Parzellen, die mit Beton grob zusammengeschmiert sind.

Die Straße vor meinem Küchenfenster ist so zugeparkt, daß immer nur ein Auto durchfahren kann. Wenn draußen jemand hysterisch hupt, gibt es wieder was zu wetten. Wir rennen also zum Fenster.

Moritz tippt heute auf den kleinen Lada, ich auf den Moskwitsch. Einer muß zurückweichen. Nur wer? Das ließe sich normalerweise schnell erledigen. Aber nicht in Moskau, nicht vor meinem Küchenfenster.

Die Autos stehen einander gegenüber, Stoßstange an Stoßstange. Stehen. Die Fahrer schreien nicht, sie steigen selten aus. Nein, sie hupen und stehen, so stur, wie ich in meinem ganzen Leben noch keine Autofahrer gesehen habe.

Jetzt bildet sich eine Schlange, links hinter dem Lada, rechts hinter dem Moskwitsch. Dann kommt das große Hupkonzert, mehrstimmig.

Moritz hat heute gewonnen, weil das fünfte Auto hinter dem Lada nachgegeben hat. Daraufhin ziehen die anderen nach, und so löst sich der Stau irgendwann auf. Aber fünf Minuten dauert's. Immer, jeden Tag.

Unser Hof ist ebenfalls total zugeparkt. Die Hälfte der Autos kann morgens nicht raus. Und genau die, die im Weg stehen, können einfach nicht wegbewegt werden, weil ihre Besitzer noch schlafen.

Jeden Morgen ab halb acht flucht der amerikanische Lehrer aus dem dritten Stock, weil er nicht rauskommt. Er hupt natürlich, um die Fahrer zu wecken, die vor ihm stehen. Das gelingt selten.

Um viertel vor acht will er den Direktor der Wohngesellschaft sprechen. Ich habe weder einen solchen Direktor gesehen noch je von ihm gehört. Um fünf nach acht droht er, die amerikanische Botschaft einzuschalten.

Dann haben wir Zeit, unsere Cornflakes zu frühstücken. Wenn wir um viertel nach wieder rausschauen, hat er es meistens geschafft. Es gab wieder einmal nur die russische Lösung. Er winkt mit ein paar Scheinen, woraufhin einige Russen die Autos, die im Weg stehen, einfach wegheben.

Seit ein paar Wochen ist der Platz am Küchenfenster voll in Lukas' Hand. „Baggar", sagt er hundertmal am Tag. „Da, Baggar".

Die Straße ist gesperrt, vom gegenüberliegenden Haus bis zu unserem wurde ein riesiges Loch gebuddelt, feucht und schlammig ist es. Sie legen eine neue Wasserleitung.

Eine Kindertherapeutin aus Marburg und ich hatten am Abend reichlich Wodka getankt. Und weil sie so dringend muß, nehmen wir die Abkürzung über die Baustelle. Ich krabbel noch unter dem Bagger durch, nah am Loch vorbei, da ist sie plötzlich weg. Ich höre im Dunkeln nur den amerikanischen Lehrer. Hängt der doch an seinem Küchenfenster und schreit vor Lachen. Sieht, wie Marburg einem Schlamm–Monster gleich aus dem tiefen Loch steigt. Gott, was haben wir gelacht. Und noch einen drauf getrunken. *Bud Sdarow, amerikanjez. Bud sdarow.*

Schikane

Um acht Uhr schließt Lufthansa Cargo. Ich bin erst eine Stunde vorher mit dem Film fertig geworden. Alles lief schief, was nur schief laufen konnte. Ich fahre also wie eine Verrückte durch Moskau bis zum Flughafen Scheremetjewo I. Hätte ich gewußt, ... aber, ach Gott, es war das erste Mal.

Wo also ist Lufthansa? Ich fahre in einen Hof. Luftfracht steht herum, Container von KLM, Aeroflot und British Airways.

An der Einfahrt zum Hof steht eine ältere Frau in blauer Uniform, mit einem Gummistab, den auch die Verkehrspolizisten hier benutzen, um Autos heranzuwinken. Ich steige aus, renne zu ihr, es ist zehn vor acht. Lufthansa? Kennt sie nicht.

Ein anderer Fahrer zeigt auf den Nachbarhof.

Ich renne genervt zu meinem Auto, drehe schnell um und will die zwanzig Meter rausfahren, die ich in den Hof hineingefahren bin. Da winkt sie mich 'ran. Nein, nicht dort halten, noch dreißig Zentimeter weiter, hier, wo sie ist, bitteschön. Genau hier, ja!

Sie: „Was war der Zweck Ihres Aufenthaltes?"

Ich: „Aber Sie kennen mich doch, ich bin doch gerade hier reingefahren. Wir haben miteinander geredet, erinnern Sie sich nicht mehr?"

Sie: „Zeigen Sie mir Ihre Einfahrerlaubnis."

Ich: „Aber ich habe doch gar keine. Sie haben mir doch gar keine gegeben, als ich hier rein gefahren bin."

Sie: „Geben Sie mir Ihren Führerschein, die Wagenpapiere bitte."

Ich: „Hören Sie, ich habe keine Zeit, hier rumzureden. Ich muß zu Lufthansa Cargo, das wissen Sie doch, oder? Die schließen um acht, das ist jetzt gleich."

Irgendwann komme ich da weg. Parke mein Auto, renne mit der Kassette über den Hof und sehe nur noch ein paar Sekretärinnen nach Hause gehen. Ende. Aus.

Ich schreie vor Wut. Komme mir so ohnmächtig vor wie ein kleines Kind. Jeder, der sich hier auskennt, sagt natürlich: Ein paar Rubel in die Hände solcher Leute, und die Probleme sind vom Tisch.

Ich kann es nicht. Nicht bei solchen Leuten. Ich werde verrückt.

Eine Schaffnerin im Zug hat den Schlüssel, die Fenster zum Lüften zu öffnen. Wenn ihr meine Nase nicht paßt, macht sie das Ding nicht auf. Wenn ich sie entsprechend behandle und auch was zahle, kocht sie mir dreimal am Tag Tee. Und bringt ihn noch ins Abteil.

Ich stehe an der Theaterkasse, aber die Lady telefoniert. Seelenruhig. Eine Viertelstunde lang. Nun stehen schon fünfzehn Leute hinter mir, warten auch. Na und? Hat sie was davon, uns prompt zu bedienen? Und bringt es was, wenn ich verrückt werde? Eben.

Wenn ich einen Ausweis brauche, gehe ich zur zuständigen Behörde, und die sagen: wir brauchen aber noch, was weiß ich, drei Paßfotos, aber nicht in Farbe, wie sie vorliegen, sondern nur in Schwarz–Weiß, vierzig mal sechzig Millimeter.

Habe ich die endlich und bringe sie vorbei, sagen sie: „So, jetzt brauchen wir eine medizinische Bescheinigung über Ihre Sehkraft." Und habe ich auch die endlich vorgelegt, wird mir wieder irgendwas genannt. Bis ich müde werde und doch zahle. Und dann brauche ich gar nichts vorzulegen. Plötzlich geht alles wie geschmiert. Eben. *Dat na lapu.*

Moskauer Nachtclub (Michail Metzel) ▶▶

Klawdijuscha

So nennen mich russische Freunde: *Klawa* oder *Klawitschka* oder *Klawdijuscha*. Das gefällt mir sehr gut.

Claudia trinkt nie Tee, *Klawdijuscha* dagegen liebt ihn und rührt sich noch einen Löffel Marmelade rein. Claudia mag Männer. *Klawdijuscha* dagegen kann besser mit Frauen.

Claudia trinkt Gin–Tonic, *Klawdijuscha* mag lieber Wodka. Claudia sitzt gern beim Italiener, Klawdijuscha hockt täglich mit irgendwem am Küchentisch.

Ich verbusche – so jedenfalls geht's Leuten, die zu lange im afrikanischen Busch waren, und nicht mehr in Europa leben können. Aber ich lebe in Moskau, das liegt in Rußland.

Ich verrusse.

Ein Kollege, der zu lange in Kenia war, beschreibt sein Verbuschen so: Er habe das Gefühl, jederzeit könne ihm ein Löwe in den Rücken springen. Ich fühle Ähnliches. Nur ist es in Moskau kein Löwe, hier sind es eher hundert Ameisen, in die man sich zu setzen glaubt. Das Leben hier hat mich verändert.

Ich halte Korruption und Bestechung für eine segensreiche Erfindung. Wie sonst soll ich einem total betrunkenen Verkehrspolizisten klarmachen, daß nicht ich derjenige von uns beiden bin, der nach Alkohol riecht.

Ich fahre Auto wie eine Sau. Rücksichtslos und schnell, stur und ohne Respekt vor Regeln. Mein allerbester Freund hat einen allerbesten Freund, den habe ich mal mit seiner Frau einen Tag lang durch Moskau gefahren. Die beiden konnten zu Hause von nichts anderem erzählen als von meiner brutalen Fahrweise, und wie sehr sie gelitten haben.

Aber Peter geht's ähnlich. Neulich fahren wir mit einem Mietwagen durch Kassel. Die Ampel zeigt rot, aber Peter reagiert gar nicht. Im letzten Moment schrei ich ihn an: „Wir sind nicht in Moskau!" „Ach", bremst er schnell, „das hatte ich ganz vergessen."

Ich schnalle mich nicht mehr an. Mein Gurt ist seit Monaten kaputt, was soll ich machen? Die Gurte für den Lada werden in Narwa/Estland hergestellt. Das ist nach dem Zerfall der Sowjetunion Ausland geworden, deshalb müssen die Gurte gegen harte Devisen eingeführt werden.

Ach, und das Schlimmste: Ich lasse das Auto warmlaufen. Wirklich. Nicht zu fassen! Früher hätte ich solche Leute am liebsten bei der Polizei angezeigt. Und jetzt sowas. Aber der Lada läuft sonst nicht. Und manchmal, wenn es kalt ist, laß ich ihn sogar weiterlaufen, wenn ich Moritz im Kindergarten abgebe! Aus Angst, er springt nicht wieder an.

Ich habe gelernt, mich nicht abzufinden. Mit nichts. Denn hier sagen immer erst alle Leute, das gehe nicht, und „wer–weiß–wann", und „Komm'se noch mal wieder". In Moskau muß man hart bleiben, so eine Art Vorgesetzten–Ton aufsetzen, es durchdrücken. Dann geht vieles doch. Dadurch ist mein Ton insgesamt grober geworden.

Ich habe mich daran gewöhnt, daß Besuch unangemeldet kommt. Nun freue ich mich sogar darüber. Noch nie in meinem Leben habe ich soviel gekocht wie hier. Und ich melde mich auch nirgendwo mehr an. Wozu? Will ich zum Zahnarzt, oder besuche ich Freunde?

Ich habe etwas gelernt zu warten, und ich traue mich kaum noch auf die Straße, ohne mich ordentlich anzuziehen und perfekt zu schminken. Denn das ist hier schwer angesagt.

Vor einem Jahr habe ich aufgehört zu rauchen. Das ist in der Tat sehr unrussisch. Aber ich bin infolge dieser Tortur sieben Kilo schwerer geworden. Die haben sich elegant unter die Haut gelegt und besonders an den Hüften gesammelt.

„Endlich", sagt Olga. Endlich sehe ich vernünftig aus. Um Jahre jünger. Und so schön!

Diese roten Wangen!

Jeder russische Mann hätte seine Freude an mir. Und dann kommt ihre furchtbare Handbewegung mich betreffend: Olga formt mit beiden geöffneten Händen eine große pralle Kugel. Es wäre Zeit, zurückzugehen. Sonst rolle ich noch heim.

No u menja prosta inakda taska ka rodinje.

Schwiegermütter

Im Russischen gibt es dafür zwei Worte, je nachdem, ob sie die Mutter der Braut ist: *„Tjoscha"*, oder die gefürchtete Mutter des Bräutigams: *„Swjekrow"*. Man hört's ja schon am Klang: *Tjoscha* geht ans Herz; *Swjekrow* klingt wie die Faust, die in den Magen schlägt.

Es gibt keine Wohnungen für junge Paare. Wer schon seit langem in einer Moskauer Wohnung wohnt, zahlt noch heute sehr wenig Miete; soviel, wie ein paar Schachteln Zigaretten kosten. Wer dagegen eine neue Wohnung braucht, müßte umgerechnet 5oo $ für eine Drei–Zimmer Wohnung hinblättern. Ein normal verdienender Russe hat aber nur umgerechnet 1oo bis 15o $ im Monat. Wie also soll das gehen? Die Mietpreise machen die reichen Russen unter sich aus.

Wenn also ein junger Mann heiratet, bringt er sein Mädchen meistens mit in die Wohnung seiner Eltern. Die junge Frau hat keine Möglichkeit, sich einen eigenen Bereich zu schaffen. Alles bestimmt die Alte.

Irina hat mir davon erzählt: Nachdem ihr Mann morgens aus dem Haus ist, kommt die

Schwiegermutter zu ihr und fragt: „Hat er ein Unterhemd an? Hast du aufgepaßt, daß es lang genug ist, wegen der Kälte? Trägt er die gestreiften Socken oder die blauen?" Abends, wenn Irina und ihr Mann die Tür hinter sich schließen, kommt seine Mutter und macht sie wieder auf. Sie schließen erneut, wieder kommt die Alte und öffnet; setzt sich daneben und stopft. Will Irina durchsetzen, daß die Tür geschlossen bleibt, sagt seine Mutter weinerlich: „Bisher waren die Türen nie zu. Erst seit du da bist, geht das so. Ich kann aber keine geschlossenen Türen ertragen. Das macht mich depressiv."

Der frischgebackene Ehemann schenkt Irina einen Ring. Die Schwiegermutter kauft sich den gleichen und erzählt ihren Nachbarinnen, der Sohn habe ihr den Ring geschenkt. Pure Eifersucht. Irina hat gedacht, das gibt sich irgendwann. Aber nichts hat sich gegeben. Nach zwei Jahren war die Ehe kaputt. „Siehst du", sagt die Mutter zum Söhnchen. „Ich hab doch gewußt, daß die nichts für dich ist."

Es ist ein weltumfassendes Problem mit den Schwiegermüttern und den Schwiegertöchtern. Aber hier in Moskau hängen sie schrecklich aufeinander. Die Familien sind gezwungen, miteinander auszukommen, auf allerengstem Raum und in elenden Zimmern.

Wenn ich mir das aus der Sicht einer Schwiegermutter vorstelle, ist das auch nicht sonderlich witzig. Ich habe ja selbst zwei Söhne. Jetzt stelle ich mir vor, ich wäre Moskowiterin, und wir hätten das Glück, ganze zwei kleine Zimmer für uns vier zu haben; separat. Das wäre schon Luxus.

Jetzt stell ich mir weiter vor, meine beiden Jungs werden groß, heiraten und bringen noch zwei Frauen mit in unsere kleine Wohnung. Oh du lieber Gott.

Und dann hängen die womöglich rum, lackieren sich die Nägel, hören Heavy Metal und lassen mich den Dreck wegmachen. Kriegen Kinder mit zwanzig und scheren sich nicht drum. Weil in Rußland die Babuschka sich drum kümmern muß. Die jungen Leute sollen ihren Spaß haben und ihre Freiheit, können abends ausgehen und das Leben genießen. Mama macht schon.

Das wär ja das Letzte. Wie halten die Russen das aus?

Uns gegenüber ist ein großes Haus, mit 288 Fenstern allein zu meiner Seite hin. Alle diese Fenster habe ich ein Jahr lang betrachtet, als Lukas nicht einschlafen konnte, und ich jeden Abend an seinem Bett saß und sein Händchen hielt, manchmal über eine Stunde lang.

Im Laufe der Zeit habe ich hinter diesen Fenstern viele Familien kennengelernt, oder besser kennengeguckt. Schlägt man sich, schaut ein dritter zu. Liebt man sich, muß die Oma solange mit den Kindern in den Park. Und wenn Opa schlafen will, muß man raus aus der Küche, denn dort steht sein Bett. Wenn die wüßten, wie ich wohne, nur hundert Meter weiter! Fünf Zimmer für vier Leute. Ich habe meine heilige Ruhe. Zufällig genieße ich Wohlstand, meine Nachbarn zufällig nicht. *Ja nje snaju, patschemu u nas fsjo jest.*

Fleischer auf dem Danilowski Rinok (Vladimir Filonov)

Aber glaube das nicht!

Es war mal wieder einer dieser Abende. Essen gekocht, Tisch gedeckt, Kinder versorgt, Haare gefönt, es klingelt. Gäste stehen vor der Tür, Nelken in der Hand. Guten Abend!

Wenn ich denen jetzt die Hand gebe, gehen die gleich wieder, oder werden zumindest sehr nervös. In Rußland darf man sich nicht über der Türschwelle begrüßen.

Diese Geste bedeutet, daß es zwischen denen, die sich so begegnen, einen Streit geben wird. Zumindest ist es für beide Parteien ein Unglück, sich zu kennen.

Also erst hereinbitten, dann Händeschütteln. So! Geschafft.

Merke: Jeder Geschäftsmann, der sich hier auskennt, wird auf die Türschwelle achten, wenn er Kunden begrüßt.

Nun sind sie also drin, die Gäste. Und haben doch glatt und überraschend ihre drei großen Töchter mitgebracht.

Also: alles rückt zusammen, drei Gedecke mehr auf den Tisch und die Töchter an die Ecken plaziert. Oh Gott! Geht nicht!

Muttern regt sich auf, Vatern schiebt die Stühle herum, und die Töchter kichern. Was ist denn jetzt schon wieder?

Ich werde belehrt: wenn eine unverheiratete junge Frau an der Ecke eines Tisches sitzt, wird sie die nächsten sieben Jahre nicht heiraten.

Die älteste heißt Lena und saß schon mal an der Ecke, wenn jetzt noch mal sieben Jahre dazu kommen, ist der Ofen aber aus.

Als Lena aufgegessen hat, eröffnet sie, daß ihr zukünftiger Bräutigam blond sein wird, und sein Vorname beginnt mit I.

Ich denke, wir sollen raten, wer der Glückliche ist. Aber Lena sagt, sie kenne ihn noch nicht. Diese Details habe ihr der Faden gesagt.

Aha. Der Faden.

Dieser Abend ist von nun an den schwarzen Katzen und zerbrochenen Spiegeln gewidmet, das ist doch klar. Denn jetzt will ich mehr wissen. Wie war das mit dem Faden?

Wenn ein Mädchen oder eine junge Frau einen weißen Faden auf der Kleidung findet, dann wird ihr Bräutigam blond sein. Ein schwarzer Faden kündigt einen braunen Mann an, ein roter Faden prophezeit ihr einen Säufer.

Man nimmt den Faden und rollt ihn um den Zeigefinger. Bei jeder Umdrehung wird ein Buchstabe ab A gezählt. Endet der Faden, beginnt mit dem zuletzt genannten Buchstaben der Vorname des künftigen Lovers.

Lena wird einen blonden Igor finden müssen. Ich schaue mir meinen Peter an. So einen langen roten Faden hatte ich noch nie auf meiner Jacke, daß der sich bis P gewickelt hätte. Hoffentlich gehören wir magiemäßig überhaupt zusammen.

Der Vater der Familie heißt Alexander und ist Spezialist für Juckreize: Wem die rechte Hand juckt, der bekommt Geld. Wem die Linke juckt, verliert es. Wem der rechte Fuß juckt, wird verreisen. Juckt der linke Fuß, wird man krank. Und zuletzt: wem die Nasenspitze juckt, bekommt bald Gäste.

Die zweite Tochter Vika weiß, wie man arm oder reich werden kann: trifft man jemanden mit vollen Taschen oder Eimern, bedeutet das Wohlstand und Glück; leere Taschen oder Eimer dagegen Armut und Unglück.

Man pfeift nicht im Haus, sonst „verpfeift" man sein Geld.

Arm wird, wer sich auf einen Tisch setzt oder abends Geld wechselt und verleiht. Auch soll man am Abend die Wohnung nicht putzen, sonst fegt man seinen Wohlstand mit aus der Tür.

Für den letzten Rat wird Vika von den Schwestern ausgelacht; anscheinend sagt sie das immer, wenn sie putzen soll.

Nun wird aber Muttern ernst und sagt, man solle darüber keine Witze machen. Es gibt Dinge zwischen Himmel und Erde, und so weiter. Sie bestehe zum Beispiel darauf, daß sich vor einer größeren Reise alle Beteiligten vor Verlassen der Wohnung kurz hinsetzen und schweigen, denn dann wird die Reise gut, und alle kommen heil zurück. Zweitens würde sie niemals in ihre Wohnung zurückgehen, wenn sie etwas vergessen hat. Das bringe Unglück. Und sie könne mir nur den guten Rat geben, meine angeschlagenen Tassen wegzuwerfen. Denn auch die bringen Unglück.

Ich halte gerade meinen alten Kaffeepott, der schon Jahre auf dem Buckel hat. Er ist tatsächlich ziemlich hin, aber ich mag ihn noch so. „Weg damit", sagt sie. „Alles Zerbrochene muß raus aus der Wohnung, sonst zerbricht die Familie."

Behalten werde ich den ollen Kerl, sonst bricht mir das Herz.

Aber nie wieder werde ich Tücher verschenken. Ich wußte nicht, daß die hier tabu sind. Swjeta, die Jüngste, sagt, in Tücher weine man hinein, wenn man sich trennt. Also schenkt man mit dem Tuch viele Tränen und eine Trennung dazu.

Außerdem soll man dem Partner kein Foto von sich schenken, auch das bedeutet Trennung. Messer darf ich nicht verschenken, und auch sonst nichts aus Metall.

Den ganzen Abend über fällt jedem noch was ein:

Wenn man die Kleidung verkehrt herum anzieht, wird man geschlagen oder wird sich mit jemandem streiten.

Wer seine Schlüssel auf den Tisch legt, riskiert auch Streit.

Ein Buch soll man schließen, wenn man es beiseite legt. Wer es offen liegen läßt, vergißt das bisher Gelesene.

Man darf nichts nähen, was man noch an sich trägt. Damit näht man sich das Gedächtnis und seinen Verstand mit zu.

Sehr spät, wir waren schon alle besoffen vor lauter schwarzer Magie, rückt Alexander endlich mit der Lösung raus: eine Stecknadel, irgendwo versteckt an der Kleidung, verhütet alle Hexereien! Na also.

Den Kaffeepott behalte ich, her mit der Nadel. So abergläubisch wie die Russen sind, wär so'n Ding hier das ideale Geschenk zu Neujahr. *Welikalebnaja ideja, da?*

Anatoli Telgjerov, Arbeiter von der Krim. Er stellt die oberen Etagen des Weißen Hauses wieder her, das im Oktober 1993 von Panzern zerschossen wurde.
(Vladimir Filonov) ▶▶

Die reichen Russen

Ein russischer Geschäftsmann ist in Deutschland zu Besuch. Die liebe deutsche Hausfrau hat natürlich noch immer die Bilder der Rußlandhilfe im Kopf und steckt dem Russen zum Abschied verschämt einen Fünfhundertmarkschein zu. Was sie nicht ahnt:

Der Mann macht locker 30 000 $ im Monat, und mehr. Er fährt zu Hause einen Mercedes der S–Klasse und baut gerade ein Haus am Stadtrand.

Außerhalb Moskaus entstehen Wohnsiedlungen, da war Wandlitz ein Dreck dagegen. Das werden die neuen russischen Beverly Hills. Alles superfeinste Qualität: Marmor aus Italien, Hölzer aus Südamerika, picobello. Das kostet mindestens 'ne Million. Ich weiß von deutschen Facharbeitern, die importierte Küchen einbauen oder komplizierte Kaminkonstruktionen zusammenfügen. Sie dürfen nicht einmal darüber reden, keine Fotos machen. Nichts. Aber staunen selbst, wenn allein der Kamin hunderttausend Märker kostet.

Die Neureichen kaufen nur noch importierte

Waren. Kindermenüs aus Japan, Käse aus Dänemark, Schinken aus Parma.

Kurz vor Neujahr, in Rußland ein Fest, wo es Geschenke gibt wie bei uns zu Weihnachten, sehe ich handgefertigte deutsche Puppen für sage und schreibe 995 $ das Stück. Sie gehen weg wie warme Semmeln. Im selben Laden steht auch ein Spielzeug–BMW für Kinder zum Preis von 75oo $. Das Ding wird verkauft, in Moskau.

Ich fahre täglich an einem Möbelhaus vorbei, das an unserer Straße liegt. Manchmal gehe ich rein und schreie vor Vergnügen.

Hier stehen die absolut häßlichsten Betten der Welt. Schleiflack, mit Gold, Schwarz oder Rosa. An beiden Kopfenden große Schwünge, wie bei einer Schnecke.

Die Schwünge setzen sich fort, am Nachttisch und am Schrank. Große Schwünge, überall. Und eine Stereoanlage ist eingebaut, ein Spiegel drübermontiert. Das Ganze ist für drei- bis fünftausend Dollar zu haben.

Wenn ich den schönsten Mann der Welt treffen würde, und der brächte mich in so ein Schlafzimmer! Ich würde mich auf den rosa Teppich werfen vor Lachen, und dann nichts wie weg, so schnell ich kann.

Am Gartenring gegenüber vom Hotel Peking wurde ein Juweliergeschäft aufgemacht. Hier zahlt man bar.

Ein paar kleine Kettchen mit was dran. Wie

gehabt. Aber vor allem große, mächtige Männerringe. Sowas gibt es bei uns gar nicht mehr.

Dick Gold und obendrauf noch Klunker. Der teuerste mit einem viereckigen Diamanten kostet lockere 50 000 $. Gleich daneben für die Gattin eine Kette mit zehn unterschiedlich großen Saphiren, inklusive Ohrhänger für magere 58 000 $.

Und die gar nicht immer so schicken Käufer holen verschmuddelte Päckchen aus der Anzugtasche und zählen die Scheine ab.

Ihre Autos sind immer dunkel, immer aus dem Westen, meistens aus Deutschland. Sie haben einen Fahrer, einen Bodyguard und Hausangestellte. Die Oma überwintert mit den Kindern in der Sonne. Selbstverständlich nicht mehr auf der Krim, sondern in Cannes.

Diese zur Schau getragene Maßlosigkeit macht die vielen vielen anderen Russen, die nichts haben, noch verzweifelter.

Und neidisch. Weshalb grundsätzlich alle diese reichen Leute zur Mafia gerechnet werden. Bei den meisten wird das sogar stimmen. Wer nicht wenigstens ein bißchen gemein ist, kann im Augenblick nichts werden in Rußland. *Naglast – Ftaroje stschastje.*

Die ersten freien Wahlen

Ich hatte mir sonstwas vorgestellt. Zum ersten Mal demokratisch! Kein einziger lebender Russe, keine einzige lebende Russin hatte jemals zuvor so eine Möglichkeit.

Aber je mehr ich zuhöre und rede und frage, desto mehr wundere ich mich: die Wahlen bewegen die meisten Menschen hier soviel wie mich die Preise von Katzenfutter. Nämlich überhaupt nicht.

„Ich gehe nicht wählen", sagt Vika, 24 Jahre alt. „Wozu?"

Sie hat letztes Jahr ihren Abschluß als Ingenieurin gemacht, Schwerpunkt Chemie. Wenn sie arbeiten ginge, würde sie umgerechnet zweihundert Mark im Monat verdienen. „Und was bekomme ich für das Geld? Nicht viel. Alles ist so teuer geworden."

Ihr Mann malt diese schönen Schachteln, die Touristen so gerne aus Rußland mitbringen. Einmal kam ein Holländer. Der wollte sie en gros im Westen verkaufen. Vikas Mann sollte auf eigenes Risiko eine Werkstatt gründen, mit Freunden zusammen. Aber vorher einen Vertrag machen? Sich gar auf Preise einigen? Nee, darauf wollte sich der Holländer nicht einlassen. Also war's wieder nichts.

„Hilft uns einer?" fragt Vika. „Gibt es jemanden, der uns zeigt, wie man ein Geschäft aufmacht? Oder wie man sich damit vor der Mafia schützt? Wir wählen ihn sofort, aber wer ist es?"

Oder Galina. Eine dickere, freundliche Hausfrau. Sie versorgt ihre Familie, hat sich niemals um Politik gekümmert. Wie die meisten hier. Deshalb war sie zu Breschnews Zeiten auch alles andere als eine Dissidentin, sondern eben Galina, die Hausfrau. Und sagt aus ihrer Sicht zu Recht: „Damals ging's uns richtig gut. Es gab keinen Luxus, aber alles, was wir zum Leben brauchten: Fleisch, Brot, Kefir, Gemüse, Obst. Sogar Kaviar. Damit haben wir die Kinder gefüttert; jeden Tag einen Löffel. Der Gesundheit wegen."

Heutzutage weiß sie nicht mehr, was sie auf den Tisch bringen soll. Es gibt alles in Moskau, die Geschäfte sind voll, aber sie kann die teuren Lebensmittel nicht bezahlen. Auf ihren Tisch kommen immer nur Kartoffeln, rote Bete, Karotten. Viel Kraut, frisch oder sauer eingelegt. Selten Fleisch, Käse und Wurst. Nur im Sommer Frisches von der Datscha. Im Winter Eingemachtes. Galina hat wirklich Angst vor der Zukunft. Wen wählt sie? „Die, die sagen, es würde wieder so wie früher. Als wir alles hatten."

Die Sehnsucht vieler Russen geht noch viel weiter. Sie wollen den guten Zaren, den starken Herrscher, der autoritär durchzugreifen versteht, aber uneigennützig und ausschließlich dem Wohle des Volkes verpflichtet ist. Im Augenblick sehen sie dagegen nur viele lautstarke Männer, die sich um die Macht reißen, wenn's nötig ist, sich sogar darum prügeln.

Aber was verlange ich denn? Wie sollen Leute, die trainiert haben, wegzuhören, jetzt plötzlich anfangen zu diskutieren? Wie sollen denn Menschen, die niemals aus der Masse herausragen durften, ohne ihr Leben zu gefährden, jetzt plötzlich politische Verantwortung übernehmen?

Und vor allem: Wie sollen Menschen, denen alles von oben verordnet wurde, plötzlich glauben, das würde nun anders? Wer garantiert ihnen denn, daß es ungefährlich ist und vor allem ungefährlich bleibt, über Politiker öffentlich zu urteilen?

Das Fernsehen ist im russischen Winter das einzige Medium, das alle Leute erreichen kann. Hier stellen sich die neuen Politiker vor. Da sitzt etwa ein Kandidat vor einer Fototapete Marke Waldlichtung, links daneben eine Vase mit fünf Rosen. Und dann wird geredet! Eine halbe Stunde ununterbrochen. Und das jeden Abend zur besten Sendezeit. Manche lesen einfach nur ihre Programme vor. Der erste zehn Minuten, nuschelt rum, versteckt dabei die Augen hinterm Papier. Dann der Moderator: So, jetzt der Kandidat Herr sowieso, bitte schön. Und wieder zehn Minuten, zum Abschalten.

Und ich habe allen Ernstes geglaubt, jetzt würde Vika politisch aktiv, oder Galina würde über Privatisierung reden und wie das gerecht zu machen sei? Noch nicht mal die gewählten Abgeordneten tun das! Die haben sich in den ersten Sitzungen erstmal selbst neue Dienstwagen mit Fahrer verordnet und eine große Wohnung in Moskau sowie Bares für diverse Auslagen.

Fsjo tagsche, kak fsigda.

Was kostet die Welt?

Ägyptische Erdbeeren gibt es in Moskau. 250 g kosten im April '94 umgerechnet zehn Mark. Chilenische Weintrauben, wunderbar süß, ohne Kern fünfzehn Mark das Kilo.

Kanarische Tomaten neun bis zwölf Mark. Zu Neujahr, das die Russen feiern wie wir Weihnachten, und wo alle einen festlich gedeckten Tisch brauchen, kosten schnittfeste Tomaten aus Holland sage und schreibe zwanzig Mark, ein Kilo frische Gurken ebenso. Mir sind fast die Augen aus dem Kopf gekullert! Es ist nicht zu fassen.

Nelken kosten 1,50 DM das Stück. Rosen gibt es das ganze Jahr: Im Winter kostet eine zehn Mark, im Frühjahr die Hälfte. Sie halten zwei Tage, dann sind sie verwelkt.

Wasserhähne sind sagenhaft teuer. Kosten, seit ich hier bin, immer einen ganzen russischen Monatslohn. Ein Hahn!

Falls nun jemand mutmaßt, ich würde die Dinge des Lebens in der Apotheke oder im Kreml unter 'ner goldenen Kuppel kaufen, der irrt. Das alles wird am Straßenrand angeboten, in den Metroschächten, Kiosken, auf den sogenannten Kolchosmärkten, in den neu gegründeten kommerziellen Geschäften oder ausländischen Supermärkten.

Und weil Händler in Moskau nicht blöd sind, gibt es in den alten, schmuddeligen Staatsgeschäften entweder nichts, oder ungenießbaren, aber billigen Mist. In einem Obst- und Gemüseladen habe ich im Januar '94 miterleben dürfen, wie Tomaten verhökert wurden, das Kilo für sensationelle zwei Mark. Sie waren erfroren, matschig und verschimmelt, dennoch strahlten die Gesichter der Frauen, die das Glück erleben durften, solch ein Schnäppchen gemacht zu haben.

Büromöbel sind in Moskau italienisch; modern und kühl. Neue Wohn- und Schlafzimmermöbel allerdings wirken wie aus einem zwanzig Jahre alten Lager rausgekramt. Fülliger Plüsch wie bei Massa, mächtige Schrankwände, gequält mit billigem Schleiflack oder nachgemachter italienischer Renaissance. Und das für wahnsinnig viele Tausend Dollar, die die Neureichen locker auf den Tisch legen. Dazu finde ich formaldehydverseuchte Kinderschlafzimmer und Holzschutzfarbe mit ähnlicher Wirkung. Alles Importwaren, die man woanders nicht mehr los wird. Die deutsche oder englische Aufschrift kann weder die Verkäuferin noch ein Kunde verstehen. Und der Gipfel ist, daß über den belasteten Farben noch groß in Russisch steht: ökologisch einwandfrei!

So mal eben Essen gehen in einem Restaurant? Mir ist in zwei Jahren nicht ein einziger normal verdienender Russe begegnet, der solch eine kühne Tat überhaupt noch in Erwägung zieht. Ich kann auch keinem russischen Freund zumuten, ihn dorthin einzuladen. Entweder das Essen ist teuer und schlecht, oder es ist noch teurer und gut. Aber dann zahle ich für uns beide für ein normales Abendessen um die hundert bis zweihundert Dollar. Soviel verdient mein Gast vielleicht in einem Monat. Das kann ich doch nicht machen – der denkt, ich hab sie nicht mehr alle.

Heute sind vielleicht drei bis fünf Prozent der Menschen hier reich. Leute, die Metalle oder Panzer in den Westen verkaufen. Privilegierte von ehedem, die sich heute auf sehr geschickte Weise zu Besitzern genau der Fabriken machen, die sie früher planverwaltet haben. Nicht zuletzt sind es die Mafiosi und wir, die Ausländer! Diese Reichen bestimmen die Nachfrage: nach Westkacheln, Westklos, Westautos, Westwasserhähnen, Westobst, Westschokolade und russischem Kaviar. Na, wenigstens etwas!

Die meisten Moskauer denken angesichts solcher Preise, sie sind im falschen Film. Andere saufen, bringen sich um, strampeln sich ab oder werden Schirinowskij-Fans.

Ein normaler Mensch hat hier 2oo ooo Rubel im Monat. Und? Das sind 2oo Mark. Für einen einzigen Wasserhahn oder fünf Kilo ägyptische Erdbeeren. Schuhe für die Kinder werden Luxus. Oma stirbt und muß unter die Erde? Nicht auszudenken!

Andere wiederum bekommen hierzulande monatelang gar keinen Lohn ausbezahlt, weil das Geld fehlt. Keiner revoltiert dagegen. Ein seltsames Phänomen.

Eine Spielzeugfabrik in Rostow am Don ist seit drei Monaten nicht mehr liquide. Die Arbeiter bekommen ihren Lohn deshalb in Form eines riesigen ausgestopften Elefanten ausbezahlt. „Sie sind mehrfarbig und sehr groß. Manche bekommen einen, andere zwei, und wieder andere eineinhalb (!) Elefanten", sagt ein Arbeiter dem Reporter der Komsomolskaja Prawda.

Die Wolgodonski–Technische–Apparaturen Fabrik bezahlt den Lohn in Inkubatoren aus; das sind Brutkästen für Neugeborene, jeder um die 80 000 Rubel wert. Für geringere Löhne eignen sich hier auch kleine Tischklaviere zu 7000 Rubel das Stück.

In der Nähe von Novgorod werden Kolchosarbeiter mit Ferkeln bezahlt, und die Proletarische Chinaporzellan–Fabrik zahlt in Tassen und Tellern.

Mit diesem Plunder geht man auf die Straße und macht es in Eigenregie zu Bargeld. Oder

man durchforstet die Geschäfte und findet das letzte preiswerte Jäckchen, um es auf der Straße zu verkaufen. Findet subventionierte Milch und schlägt sie teurer los.

Wie lange soll das gutgehen? Hier lungert die halbe Welt rum und verkauft Snickers, Bounty, Mars, HB, Marlboro oder anderes unnützes Zeug. Aber wenn die Russen ihren billigen Kram bei uns verkaufen wollen, sagen wir: „Euer Stahl ist ja gut und der Fisch auch ganz lecker. Aber wir haben eine Menge schöner kleiner Handelsschranken, ätsch, angeschmiert!"

Kapitalismus ist, wenn's uns was bringt. *Eta nada ismenit!*

◀ *Rockkonzert am 21. April 1993 vor dem Kreml*
(Michail Metzel)

Drei Russen am Tisch

Einer der Anwesenden war gerade zum ersten Mal in Deutschland. Und erzählt nun den andern, was er dort erlebt hat.

Ivan: Alle Straßen in Deutschland haben Ränder.
Sascha: Wie Ränder?
Ivan: Na, wie bei uns die Bilderrahmen. Ränder. Wie bei der Einfahrt zur Präsidentendatscha. Oder an der Twerskaja in Moskau. Nur ist es dort bei allen Straßen so. Allen. Sogar bei den Dorfstraßen. Und jede Straße ist so sauber wie geleckt.
Sergej: Die Deutschen lecken ihre Straßen ab? Wirklich?
Ivan: Auf jeden Fall kehren sie sie immerzu. Mit Besen, mit Wasser und sogar mit Schaum. Und sie haben extra bunte Häuser neben den Tankstellen, darin waschen sie die Autos. Mit noch größeren Besen und noch mehr Wasser.
Sergej: Und Schaum?

Ivan: Und Schaum. Sogar die Lastwagen glänzen. Glänzen! Sag ich euch. Immer! Von oben bis unten. Alle.

Sascha:Warum machen das die Deutschen?

Ivan: Ich weiß es nicht, vielleicht steckt ja so 'ne Art Mafia dahinter. Deutsche Schaummafia, keine Ahnung. Und ich bin tausend Kilometer gefahren und in kein einziges Schlagloch gefahren.

Sergej: Biste drumrum gefahren, ja?

Ivan: Es gibt keine Schlaglöcher in Deutschland.

Sascha:Gibt keine, jetzt fängt er aber an zu spinnen!

Sergej: Zuviel gesoffen und am nächsten Tag gepennt, das kennt man ja. Deshalb hat er keine Schlaglöcher gespürt.

Ivan: Aber wir haben doch gar nicht gesoffen!

Sascha:Wie lange warst du da? Eine Woche, und nix gesoffen?

Ivan: Das kam so: Zum Essen trinken sie wenig. Nur etwas Wein oder Bier, jedenfalls nichts Richtiges. Und nach dem Essen trinken die Deutschen nur noch ein Täßchen Kaffee und sagen dann: „So, ich muß morgen früh raus", oder: „Nein danke, ich bin mit dem Auto da." Nie im Leben würden die beim Gastgeber schlafen, nie! Oder sie sagen sogar: „Ich habe morgen viel zu tun" und gehen doch tatsächlich nach Hause. Noch vor Mitternacht!

Die drei Russen schauen einander lange stumm an.

Ivan: Und mitten auf der Autobahn kannst du dich hinstellen, ja? Und tief Luft holen. Hmm. Ahhhh.

Sascha: Wenn dir die Zigarette fehlt.

Ivan: Nein. Nur so Hmm. Ahhh. Einatmen. Und? Nichts. Es stinkt nicht. Tausend Autos, und es stinkt nicht.

Sergej: Hast du Hmm. Ahhh gemacht auf der Autobahn?

Ivan: Ja.

Sascha: Weil du Heimweh hattest?

Ivan: Es stinkt nicht! Und einmal hat uns die Polizei angehalten, denen habe ich, um die Sache schnell zu erledigen, ein Scheinchen zugesteckt. Was haben die für ein Theater gemacht!

Sascha: Haste nicht genug gegeben?

Ivan: Ich dachte schon. Aber alle waren furchtbar aufgeregt.

Sergej: Wie haste denn ohne Saufen Geschäfte gemacht?

Ivan: Eine gute Idee habe ich jetzt. In Deutschland gibt es ein Defizit an Tapeten!

Sergej: Tatsache?

Ivan: Ja. Ich war in vielen Wohnungen, aber fast alle waren nur weiß getüncht, wie im Krankenhaus. Ganz schlimm. Arme Menschen. Haben alles, bloß keine Tapeten. Versteh' ich gar nicht. Hier also meine Idee: Wir exportieren unsere schönen Tapeten nach Deutschland.

Sascha: Das machen wir.

Sergej: Ja genau.

Sascha: Wie sind die deutschen Geschäftsleute? Sehr klug, nehme ich an. So erfolgreich, wie sie sind!

Ivan: Ich war bei einem der wichtigsten Manager eingeladen. Sogar zu Hause, was sie ja sonst nie tun. Gehen immer ins Restaurant, laden nie jemanden nach Hause ein. Aber der hat's gemacht. Ich weiß jetzt auch, warum die keinen nach Hause lassen, die schämen sich.

Sascha: Wegen der Tapeten?

Ivan: Nein, wegen noch was. Hört zu. Wie ich so ins Gespräch komme und über Frau und Kinder rede, bitte ich ihn, mir seine Bibliothek zu zeigen. Sagt der, er habe keine.

Sascha: Verbrannt?

Sergej: Gestohlen?

Ivan: Er hat gar keine Bücher! Sagt mir, er habe keine Zeit zum Lesen! Fachzeitschriften ja, aber keinen Rilke, keinen

Goethe, keinen Heine, geschweige denn Puschkin, oder Gogol. Nichts.

Sascha: Der Mann ist Chef einer großen Firma und liest keine Bücher?

Ivan: Sag ich doch.

Sascha: Du lügst. Wie soll er denn Chef einer Firma werden, ohne eine gute Bildung genossen zu haben?

Ivan: Die Chefs in Deutschland sind ungebildet. Sag ich doch.

Sascha: Vielleicht ist Dummheit die Bedingung?

Ivan: Ohne Bücher leben sie, und ohne Familie wohl auch. Der Mann wußte nicht zu sagen, wie es seiner Mutter geht. Sagt mir, er habe schon wochenlang nicht mehr mit ihr telefoniert ...

Die drei Russen schauen einander erneut schweigend an. Dann erhebt Sergej sein Glas:

Sergej: Brüder! Laßt uns trinken auf unsere verdreckte, elende, korrupte und kaputte russische Welt. Möge es meinetwegen lange so weitergehen, wenn nur nicht unsere Bücher aus den Regalen verschwinden und unsere Mütter aus unseren Herzen! *Sa nasche sdarowje!*

Ivan: Das hast du mal wieder schön gesagt. *Sa nasche sdarowje!*

Sascha will schon den Wodka an die Lippen set-

zen, da hält er plötzlich inne : Oh, ich
kann nicht. Ich muß ja morgen früh
raus.

Sergej: Ja, genau, und ich bin mit dem Auto da!
Ivan: Und, und ich, oh Mann, hab leider noch
so viel zu tun!

Nun fallen sie auf den Tisch und schreien vor
Vergnügen, dann liegen sie einander in den Ar-
men, tanzen, trinken und jubeln noch gegen vier
Uhr früh: „Tapeten, Tapeten!"

*Eine Frau aus der Ukraine ist weit gereist, um ihre Würste
auf Moskaus Straßen zu verkaufen.* (Jewgenij Stetsko)

Russische Wunder

Solche Wunder können nur geschehen, wenn der Faktor Zeit keine Rolle spielt. Schnell geht hier gar nichts und schon gar nicht sofort. Aber wenn man Geduld hat, geht hier irgendwann irgendwie alles.

Ich brauche einen Küchentisch, aus Holz. Das erzähle ich so nebenbei einer russischen Freundin. Was die aber ganz und gar nicht beiläufig aufnimmt, sondern als einen Appell versteht, mitzusuchen. Und sagt es wiederum weiter: Da ist eine Deutsche, die sucht einen Küchentisch aus Holz. Mich rufen Leute an, die kenne ich gar nicht. Da oder dort hätte ein Ivan oder eine Nastja noch letzte Woche einen Küchentisch gesehen. So habe ich meinen Küchentisch gefunden. Aus Holz. Das ist das russische Wunder.

Mittlerweile bin ich mit im Verbund. Finde einen beigefarbenen Klodeckel an der Straße, den Mila braucht. Oder kaufe einen Besen, weil Lena den sucht. Sergej hat sogar mal einen Rückspiegel für unseren Niva gefunden. Dann wird gelacht und gesoffen. Man freut sich hier wie blöd über sowas.

Noch ein russisches Wunder: Wir haben im Sommer auf der Krim Urlaub gemacht und sind zum Heimflug viel zu spät zum Flughafen gekommen.

Die Maschine war schon zu, die Motoren liefen gerade warm.

Doch als die unsere beiden kleinen Kinder sehen, machen sie die Kiste doch glatt nochmal auf und lassen uns rein. Wir hatten noch nicht mal jemanden geschmiert! Das ist ein Wunder. Bei uns würde so etwas niemals passieren.

Das russische Wunder meines Mannes ist in Georgien zu Hause.

Eigentlich ist es ein GUS–Wunder, aber wie klingt denn das?

Er muß aus Tiflis eine Reportage für's Fernsehen überspielen, die in Deutschland ankommen soll. Aber was er vorfindet, läßt ihn heftig daran zweifeln: Aus Stahlschränken hängen Kabel heraus, manche ragen in die Luft, andere liegen auf dem Boden herum.

Fünf Minuten vor der Überspielung fängt einer an zu löten, ein zweiter schraubt. Es gibt kein Telefon, kein Fax, kein gar nichts, um zu checken, ob irgendeiner in Deutschland das aufzeichnet, was die hier abschicken. Und Peter ist zuletzt fest davon überzeugt, daß der Beitrag hinter den Bergen von Baku abstürzen wird.

Aber, russisches resp. georgisches Wunder: Er hat es bis Hamburg geschafft. Unsereins hat danach einen Adrenalinschock, aber die Russen oder Georgier schockt gar nichts, denn es geht fast immer gut.

Mit solchen Wundern rechnet auch mein Elektriker.

Ich denke noch, es riecht hier so komisch nach Plastik. Da glimmt es doch glatt hellrot in meiner Steckdose! Und ist drumrum schon heiß. Ich nehme meine Kinder und mein Geld und renne nach draußen.

Schaut sich das der Mann in Ruhe an, klemmt es ab und sagt: *„No wot?"*

Ich werde schon wieder hysterisch, von wegen Feuer, meine Kinder, und wenn das nachts passiert wäre, und so weiter.

„Och", sagt er, „das passiert hier im Haus so oft. Und seit fünfzehn Jahren hat's nicht gebrannt. Die Leitungen sind schwach, ja, auch die Stecker alt. Aber was soll's?"

Er lächelt; strapaziert mit gefährlichem Optimismus ein Wunder, und das sollte man sogar in Rußland lieber lassen. *Ili njet?*

Medizin

Damals, im Juni '92, als Ludmilla abtreiben mußte, stellte der Arzt sie vor die Alternative: Abtreibung mit Narkose kostet 2500 Rubel, die ohne Narkose billige 250 Rubel. Wer Geld hat, wird hier ordentlich behandelt, die andern haben Pech gehabt.

Vor einem halben Jahr war dieselbe Ludmilla beim Zahnarzt. Acht Plomben sollten erneuert werden. Zahlt sie nichts, füllen die Ärzte die Plomben mit grobem Zement, der nur vier Wochen hält. Will sie Qualität, zahlt sie für die sogenannte Westfüllung 3000 Rubel das Stück, umgerechnet etwa 4,50 DM. Sie kauft sich acht teure Füllungen. Nach einer Woche fallen die raus! Die Ärztin hat sie betrogen, hat kassiert und trotzdem die schlechte Füllung benutzt. Ludmilla beschwert sich, aber keinen kümmert das. Was tut sie also? Zahlt nochmal acht Füllungen und ist ihren halben Monatslohn los.

Wenn hier einer krank wird, ist es eine Katastrophe. Wer die Scheine nicht bar hinblättert, wird kaum behandelt, oder nur äußerst mangelhaft. Wer kein Geld hat, stirbt.

Ljuba hat eine Verwandte, die an Krebs leidet. Der Stationsarzt hat den Angehörigen ganz klar und deutlich gesagt: „Ich kann operieren. Das tue ich umsonst. Aber die erforderlichen Medikamente müssen Sie selbst besorgen."

Er hat ihnen auch gleich gesagt, wie man das macht in Moskau:

„Verkaufen Sie alles, was zu verkaufen ist. Kleidung, Möbel, Schmuck. Blumen und Bücher. Alles. Und borgen Sie Geld, von wem auch immer."

Die russischen Apotheken haben kaum noch Medikamente, die sie kostenlos oder preiswert abgeben können. Früher gab es noch Preiswertes aus dem Ostblock, heute gibt es nur noch unglaublich teure Westmedizin.

In Anzeigenblättern gibt es die Rubrik „Lebensmittel und Medikamente". Neben Snickers, Zucker und Mehl werden Schmerzmittel angeboten oder anderes harmloses Zeug. Aber ich kann auch ohne Probleme und in großen Mengen Schlafmittel ordern oder Anabolika und Psychopharmaka. Medikamente liegen sogar auf den Tischen der Marktfrauen, in Kiosken oder in Hotelhallen herum. Die Beschreibung ist in englisch, arabisch, vielleicht französisch oder deutsch. Selten in russisch. Dieses Babylon ist lebensgefährlich für russische Kranke, die wissen müssen, was sie da einnehmen, und wieviel davon nötig ist. Verfallsdaten sind oft unlesbar, oder die Medikamente werden so unsachgemäß gelagert, daß es darauf auch nicht mehr ankommt.

Scharlatane treiben ihr Unwesen in diesem Durcheinander.

„Medizin für Sie" heißt eine Zeitung, in der prompte Hilfe angeboten wird: Medizinische Liga diagnostiziert Ihre Krankheiten per Computer mittels japanischer Methode. Tel. 8 75 43 85. Oder: Wir kurieren Alkoholismus an einem Tag. Mittels Kodierungs–Methode nach Dowschenko. Tel. 3 56 83 73

Es ist nicht leicht, mit den Moskauern über's Krankwerden zu sprechen. Denn schon bei dem Gedanken daran graut es ihnen. Sie klopfen dreimal auf den Tisch, bekreuzigen sich sofort, und sagen: „Gott gebe, daß das nicht passiert."

Nicht allein die Krankheit schreckt sie, sondern vor allem der Ruin, in den sie damit getrieben werden.

Dazu kommt, daß die Krankenhäuser miserabel geworden sind:

Valeris Tante ist wegen einer Bagatelle ins Krankenhaus gekommen und wegen der schlechten Verhältnisse dort an einer Lungenentzündung erkrankt und gestorben. Mit 42 Jahren.

Neue Krankenhäuser inserieren: Bei uns sind Sie sicher, alles ist hygienisch, die Ärzte motiviert. Aber bitte: „Dollar!"

Und nun liegt Ludmilla auf unserem Sofa.

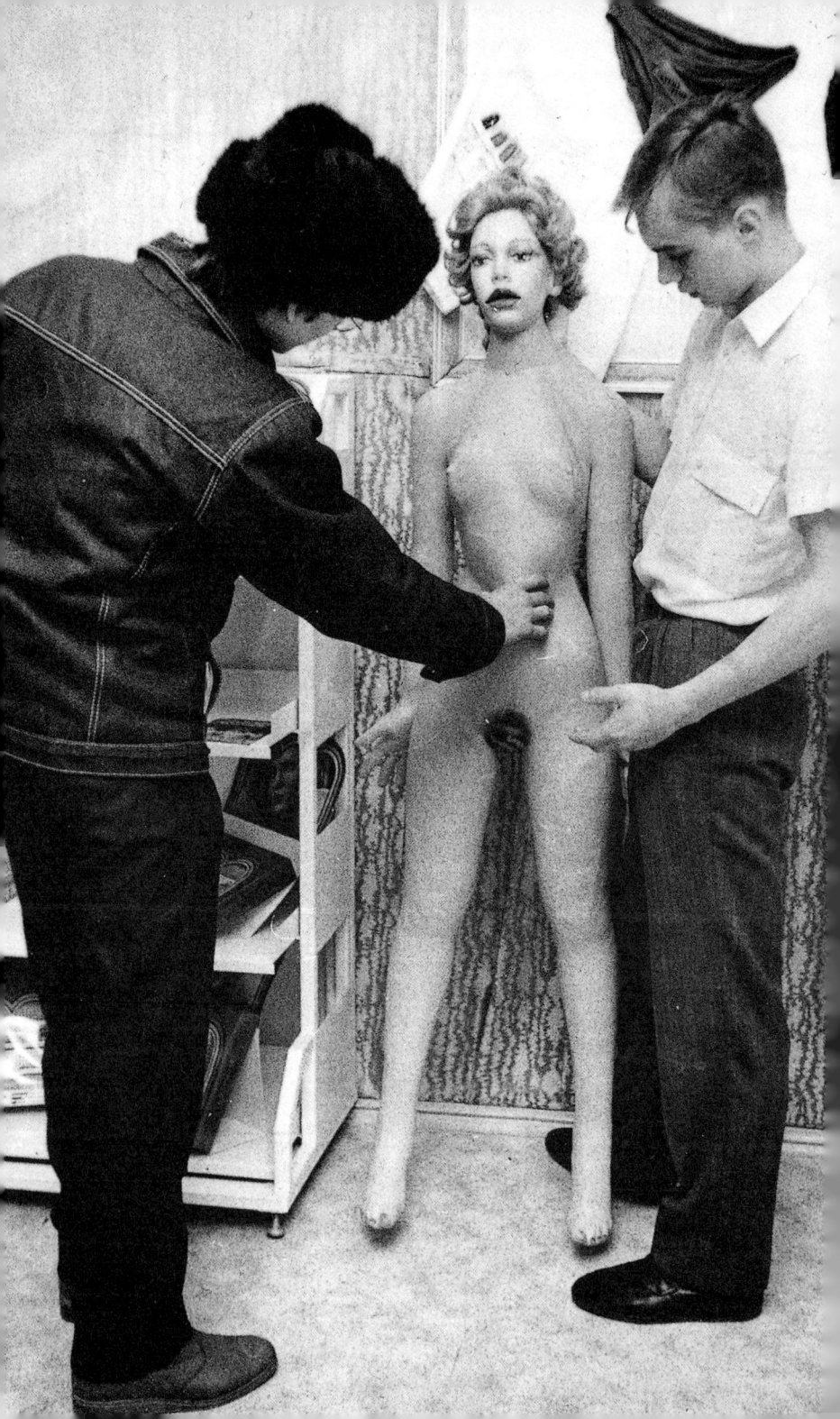

Leichenblaß kam sie heute morgen hier an, war kurz vor einer Ohnmacht. Der Arzt hat verordnet, sie solle irgendwelche Hormone einnehmen. Die hat sie lange suchen müssen und umgerechnet 35 Mark dafür bezahlt. Heute morgen nimmt sie die erste Tablette, und ihr wird sterbenselend davon. Sie wird das Zeug absetzen und drauf sitzen bleiben. Wieder Geld in den Sand gesetzt! Erbarmungslos. *Uschasna.*

◀ *Moskaus erster Sexshop eröffnet* (Michail Metzel)

Wasserschaden

Liebe Lotte, bei mir tropft Wasser in die Wohnung. Ein Stück Tapete ist schon naß. Ich renne zur *Djeschurnaja*, das ist eine Hauswartin, die in einem Büro im zweiten Stock residiert. Sie ist für solche Unglücksfälle zuständig. Ich erzähle ihr vom Schaden, hoffe auf irgendeine Aktion.

Die diensthabende Hauswartin ist ein junges Mädchen. Sie sagt, heute sei Sonntag.

„Exakt", sage ich, „das stimmt."

Ich stehe so lange in ihrer Tür, bis sie mit mir kommt zur Wohnung über uns. Es ist die algerische Presseagentur. Hat frei, ist keiner da.

„Da kann man nichts machen", sagt die *Djeschurnaja*, dreht sich um und will wieder gehen.

Ich halte sie fest, rede was von Hausmeister, Handwerker, Haupthahn, Feuerwehr, Polizei und anderem Unfug. Sie schaut mich nur müde an. Ich gehe, bevor ich hysterisch werde, besser wieder zurück in meine Wohnung.

Abends steht das Wasser in der Toilette – ich putze. In der Küche bilden sich Wasserblasen an der Wand, der Fleck im Büro wird groß und größer. Es beginnt zu stinken.

Spät um zehn klingle ich noch einmal bei der *Djeschurnaja* – nichts. Hier hat immer jemand Dienst. Ich klopfe. Horche an der Tür; drinnen läuft der Fernseher. Ich rufe und schimpfe, aber sie öffnet nicht.

Montag morgen läuft das Wasser immer noch. Der Fleck im Büro ist keiner mehr – die halbe Wand ist hin. In der Küche sind die Wasserblasen aufgeplatzt, der Putz fällt von der Wand. Lukas schreit aus der Toilette, seine Strümpfe seien naß.

Frühstück, Kindergarten, Mann ein Küßchen geben für's Büro. Danach ziehe ich mir eine ganze CD „Meditationen für Millionen" rein und gehe wieder runter. Jetzt haben zwei dicke Frauen Dienst.

Das mit dem Wasser, ach, ja ja.

Gestern war ja keiner da, in der Wohnung oben, hm hm.

Und heute auch nicht, so so.

Aber, werde ich informiert, gerade sei jemand in dieser Sache mit dem Auto unterwegs. Ist zur Botschaft gefahren. Vielleicht hat dort jemand einen Schlüssel.

Es sei übrigens nicht die algerische Presse, höre ich, sondern ein Botschaftsrat aus dem Kongo, zehnter Stock.

Ich wohne im siebten, also sind die Wohnungen über mir auch?

„Ja, alle naß."

Aber ich solle mich nicht aufregen: „Da machen wir ein schönes Protokoll, der Hausmeister renoviert den ganzen Mist, und der Kongo zahlt."

Jetzt gibt es zwei Möglichkeiten:

Die erste: den *Djeschurnajas* ist alles schnurzpiepegal. Wasser, Tod und Feuersbrunst: Hauptsache, mich stört keiner beim Fernsehen. Das wäre die sozialistische Variante.

Oder, die zweite Möglichkeit: das sind ganz Schlaue, die sich am Renovierungserlös beteiligen. Und da gilt: je mehr Wohnungen naß werden, desto besser. Das wäre die kapitalistische Variante.

Rußland befindet sich gerade genau zwischen diesen beiden Gemeinheiten und handelt nach ...? Genau: beiden! Sicher ist sicher. *Eta tak. Tschort te schto.*

Russische Touristen

Sie kommen, die Russen! In bunten Shorts und Baseballmütze. Und mit leeren großen Koffern. Denn die werden im Urlaub vollgekauft. Und wer meint, das seien wie früher nur Parteisekretär samt fülliger Gattin und drei verdiente Schichtführer der Traktorenwerke „Roter Oktober", der irrt gewaltig.

Aeroflot Charterflug Moskau–Thessaloniki. Meine Familie braucht Sonne, unbedingt. In Moskau hat es nur geregnet, nun will ich Wärme spüren.

Alle anderen, die mit uns einchecken, haben sicher mehr vor: Fünf Freundinnen, alle um die Vierzig. Stark geschminkt, weißblondes Haar. Mordsmäßige Hüften, bunte Kleider und lautes Gelächter. Ich grinse sie an und freue mich, wieviel Spaß die miteinander haben. Die Macker zu Hause, die Kinder sind groß. Und unter dem Busen stecken die Dollar. Muß ja nicht gleich jeder wissen, wieviel man wirklich ausgeben will. Oder woher man das Geld hat.

Und junge Männer fliegen mit, die meisten keine zwanzig.

Sobald überhaupt nur die Andeutung eines Aufrufs ertönt, drängeln sie sich in die Schlange vor dem Ausgang. Platzkarten gibt's nicht bei Aeroflot, und sie wollen auf jeden Fall zusammensitzen. Das ist wie der Kampf um den Platz im Schulbus in der dritten Klasse, und ihr Pausenbrot haben die russischen Jungs auch dabei: Tüten voll mit Wodka, Brot, Hühnchen, Wurst, Salat und Tee. Und sie rauchen im Flugzeug, auf allen Plätzen. Es ist zum Ins–Polster–Beißen.

Während wir faul in der Sonne liegen, kaufen die Russen ein: Videorecorder, CD–Player, Fernseher, Kosmetik, Kleidung, Schmuck und Haushaltsgeräte. Aber im Kaufrausch vergessen sie die Heimat nicht: Sie stellen nie ihre Uhren um. Der Abflug aus Thessaloniki wird auf den Tickets in Moskauer Zeit angegeben. Nicht in griechischer! Das ist einmalig auf der ganzen Welt. Wir hätten deshalb fast den Rückflug verpaßt.

Lieblingsziele der Schoptur, wie man das hier nennt, sind Griechenland, Türkei, Zypern, Ägypten, Singapur, oder Malaysia. Und die Vereinigten Arabischen Emirate. Die Moskauer Botschaft der Scheichs weiß es genau:

250 000 Russen waren 1993 dort. Und haben doch wahrhaftig eine ganze Milliarde Dollar dagelassen!

Fliegende Händler, die oft über eine Tonne mit sich schleppen. Das Zeug wird in Rußland und den anderen GUS–Republiken losgeschlagen, mit kräftigem Gewinn.

Und wenn's was eingebracht hat, gönnt man sich den Flug nochmal, diesmal ganz privat. Gran Canaria oder Miami Beach. Zypern, Mauritius, Mallorca oder Davos.

Russische Touristen verkriechen sich nicht in der letzten Hütte oder suchen billige Bungalows mit Selbstversorgung.

Achtung Leute! Jetzt killen wir das letzte Russenklischee:

Sie wohnen bevorzugt im Steigenberger. Sie lieben Casinos und Tanz, und sie zahlen stets in bar. Während britische oder deutsche Knauser auf den Kanarischen Inseln täglich etwa 45 $ ausgeben, drücken Russen 250 $ ab. Am liebsten für Unterhaltung: arabisches Abendessen mit Kamelen und Bauchtanz. Oder andere Kinkerlitzchen.

Neun Millionen Russen waren letztes Jahr unterwegs. Und es werden noch viel mehr, garantiert!

Russen. Das sind bald nicht nicht mehr nur die armen Rußlanddeutschen, die demütig und dankbar auf den Boden von Friedland schauen und „Mejn Cheimat" seufzen. Oder die Babuschka, die sich in den ZDF-Nachrichten weinend über ihr Carepaket beugt. Nein, sie sind wieder da. Werden wie in alten Zeiten die Spielbank von Baden–Baden sprengen. Oder sich 'ne

Villa in Wiesbaden zulegen. Die badischen Köche werden wieder üben, wie man eine ordentliche Soljanka zubereitet, und die Empfangsdame im Hotel „Zum goldenen Adler" wird mit: *„Dobre paschalowad"* grüßen. Die Kurorte werden russische Banjas bauen, und in den Gaststuben werden Samoware brodeln. Wir werden Pelmeni kennenlernen, wie seinerzeit Pasta und Pizza. Wetten? *Eta budijet totschna tak.*

Die GAI, die Verkehrspolizei. Hier Major Alexander Schaldin (Jewgenij Stetsko)

Die letzte Geige

Bei allem Halligalli, das ich hier über Moskau verbreite – ab und zu hängt mir der Moloch zum Halse raus. Da möchte ich am liebsten weg, oder mich verkriechen, oder nur noch bitter schimpfen über diese schreckliche Stadt.

Wenn der Himmel bedeckt ist und sich Tage oder Wochen nicht öffnet; wenn der Smog uns erstickt, wenn Leute andere über's Ohr hauen oder gar mit Gewalt drohen. Wenn wir im Lift steckenbleiben oder das warme Wasser schon wieder tagelang abgestellt bleibt.

Dann nehmen wir unsere letzte Kraft zusammen und gehen in ein Konzert. Neulich das Schostakowitsch-Quartett – also sowas! Die erste Geige ist ein dicker, älterer Herr. Dieser Russe spielt so wunderbar, tröstet mich so über alle Häßlichkeiten dieser Stadt hinweg, daß es an ein Wunder grenzt.

Dann sehe, höre oder spüre ich die Menschen hier wieder.

Was sie alles können. Wie unglaublich perfekt hier nicht nur ein Geiger, sondern Hunderte spielen. Wie Tänzerinnen in diesem Land so gut sind, daß bei uns jede einzelne als Star gefeiert würde. Daß die Clowns zu den Lustigsten der Welt gehören. Wie der Pianist im schäbigen Anzug spielt, wie er selig lächelt, wenn das Publikum nicht aufhört zu applaudieren.

Woher holen sich diese Leute ihre Kraft, ihre Kreativität?

Woher stammen die Ideen für die unglaublich bunten Bühnenbilder und Kostüme, wenn drumherum alles grau in grau ist und noch lange so bleibt? Wenn keine Hoffnung mehr stärkt, singen sie die schönsten Lieder. Oder ist es gerade dieser schreckliche Mangel, der das alles hervorbringt? Ach, auch so'n Klischee.

Ein Phänomen – hier lassen sich die Leute im Theater was erzählen, im Konzert trösten und im Ballett verwöhnen. Kein kulturelles Muß macht sich hier breit, keine Schickeria labert was von: „Kennen Sie die Interpretation von sowieso aus der Saison ichweißnichtwann; die hatte meines Erachtens mehr ehhem." Hier sitzen immer noch normale Leute im Parkett, Kinder gehen mit, hören sehr aufmerksam zu, kramen in der Pause ihre Stullen hervor und kennen neben Micky Maus auch Tschaikowsky.

Gestern im Durov-Theater. Hier treten dressierte Tiere auf: Hasen trommeln, Papageien sprechen und singen, ein Wildschwein tanzt, und die Pudel können rechnen.

Der Theaterraum ist gar nicht mal so groß,

aber es gibt viele Nebengebäude für die Tiere. Traumhafte Lage, sehr zentral gelegen und doch grün drumrum. Millionen wert.

Das Publikum tobt, meine Kinder lachen sich fast kaputt, und ich sitze da wie das böse Omen und weiß genau, daß es dieses Theater bald nicht mehr geben wird. Fünfhundert Rubel Eintritt, das sind gerade mal fünfzig Pfennig.

Mir ist, als sähe ich die schwarze Liste vor mir: das musikalische Kindertheater, dazu die vielen Puppenbühnen, oder das zentrale Kindertheater – alles nicht rentabel. Nur wenige werden überleben. Den andern wird das Wasser abgegraben. Schon sehr bald. So einen Spaß haben sich nur die Sozialisten geleistet – kleinen Kindern den Fatzke machen. Das neue System fordert Profit. Und der ist hier nicht zu holen. Ganz zu schweigen von den unzähligen Theatern, Konzerthäusern und Ballettsälen dieser Stadt und dieses riesigen Landes.

Aber wie unerträglich wird es erst, wenn sie die Theater schließen und den Rest zu teuer machen für die kleinen Leute? Dann wird Kultur das, was es bei uns zum Teil schon ist: Die Tapete für flaches Gelaber irgendwelcher In–groups.

Aber nein, das ist nur ein Alptraum. Niemals vergessen die hier ihre Kultur! Wenn alles den Bach runter geht, das aber bleibt: Einbrecher haben in einem Moskauer Hotelzimmer einen Pelzmantel und eine Guarneri–Geige gestohlen.

Das Instrument allein ist 150 000 Dollar wert. Es gehört dem großen Geiger Ruben Agaronjan, der Mantel seiner Frau.

Als die Mafiosi, die den Raubzug verantworten, hören, wem die Geige gehört, tut es ihnen leid. Sie geben das Instrument anonym zurück. Freunde der Kultur. Den Pelzmantel behalten sie. Gauner. *Eta klas.*

◀ *Die Männerabteilung der russischen Banja „Sanduny"* *an der Neglinnaja Straße 14, das älteste und schönste* *Dampfbad Moskaus - allerdings nur für Männer! Die* *Frauenabteilung in der Sanduny ist veraltet und von jeher* *schmucklos. Man grüßt sich in der Banja mit: „S liogkim* *parom!" (Guter Dampf!) und läßt sich mit einem Wjenik,* *einem Birkenbesen massieren- das reine Vergnügen.* (Jewgenij Stetsko)

Sa kampaniju

Die Russen haben ein Außengesicht und ein Innengesicht. Draußen auf der Straße, in der Metro, den Geschäften, sogar im Park sind die Gesichter verhärtet, die Menschen sind in sich gekehrt, wirken abweisend und fremd. Im Winter verstärkt das noch die tief ins Gesicht gezogene Schapka, die russische Pelzmütze.

So habe ich sie anfangs erlebt. Meinen Blicken wichen sie aus, mein eher aufgesetztes Lächeln haben sie nicht erwidert. Damals fürchtete ich, die Moskauer seien nur blöd und unfreundlich.

Dieselben Leute sind innen, in ihrer Wohnung, völlig anders. Irgendwer nimmt dich irgendwann mit. Auch wenn man noch kein Wort versteht, sitzt man mit am Tisch und ist dabei. Die Schapkas hängen am Haken, und die Augen öffnen sich. Und wenn man sich gar öfter trifft, miteinander ißt und trinkt, oder tanzt und singt, ist schnell ein ganzer Eisberg geschmolzen.

Sa kampaniju – gemeinsam. Mindestens drei müssen da sein, dann kann man eine Flasche Wodka aufmachen: nicht der Säufer ist ein Säufer, sondern nur einer, der's alleine tut.

Zum Trinken gehören unbedingt auch Sakuski, kleine feine Happen: Fisch, Wurst, Salate, eingelegter Knoblauch oder Kürbis; was so da ist.

Wenn man sich an die Regel hält, neben Wodka nur Wasser zu trinken, hat man am nächsten Tag keinen Kater.

Sa kampaniju heißt auch, Gespräche führen. Wer was ißt und trinkt und dann gleich geht, ist ungehobelt, verdirbt den ganzen Spaß. Allerdings bleiben Männer und Frauen bei solchen Gesprächen gern unter sich.

Essen und Trinken auf einer Hochzeit oder zum Geburtstag ist gleich ein *bankett*, ein Festessen.

Da werden unglaublich viele Speisen aufgetragen. Die Mütter schwitzen im Dampf der Suppen, die Väter spielen Gitarre und singen, ein Toast kommt vom Großvater, und dann trinken alle.

Alles immer gemeinsam: zusammen essen, dann alle zusammen tanzen. Nur zehn Minuten, dann müssen wieder alle an den Tisch. Essen. Singen. Dann wieder ein Toast. Und mit der enormen Grundlage im Bauch schafft man ungeheuer viel Wodka weg.

Der aber wird nie ohne Grund geschluckt, zack runter, und das war's. Immer nur *sa kampaniju*, gemeinsam. Volles Glas in die Hand, alle schauen, einer redet, und es kann dauern:

„Wir trinken auf die Mutter, die uns in Schmerz und Leid geboren hat und sich gesorgt und gekümmert hat ihr Leben lang. Möge sie noch lange gesund und glücklich leben ..." und so weiter: *„Sa jejo sdarowje."*

„Wir trinken auf Rußland, unsere Heimat. Unser Schoß, den die Erde gegeben hat, uns zu beschützen und zu behüten. Nichts soll uns aus dieser wunderbaren Heimat vertreiben. Trinken wir darauf, hier bleiben zu dürfen, in Frieden zu leben bis ans Ende unserer Tage und unsere Kinder und Enkel und alle anderen auch. *Sa rodinu."*

Jetzt kommt der dritte Toast. Der ist was Besonderes. Die russischen Soldaten, die in Deutschland stationiert waren, haben diesen Toast immer für die Westgruppe der russischen Streitkräfte reserviert, *sa wasche sdarowje.*

Die Kumpel im Kusbass trinken auf ihren Schacht, und Vladimir auf der Krim trinkt an dieser Stelle zu Ehren der Flotte, die seiner Meinung nach russisch ist und dort weiter stationiert bleiben soll.

Die Trinksprüche dauern manchmal zehn Minuten und länger. Man lobt die Hausfrau, ehrt den Ehrengast und vermißt die Freunde, die gerade nicht da sind. Man trinkt auf die Liebe, auf die Kinder, oder das neu erworbene Klosett.

Und sie übertreiben so schön !

„Unsere Freundschaft ist wie eine Eisscholle,

die auf eine andere trifft. Und in der Kälte der Zeit finden wir zusammen und bleiben es so fest und für so ewig, wie nur das Packeis des Nordens es vermag. *Sa wasche sdarowje.*"

Der alte Vater hat Geburtstag. Selbst wenn er ein Taugenichts war, bekommt er heute vom Sohn folgendes zu hören:

„Du warst mir das Schiff, das mich stolz durch die Stürme getragen hat. Und der Adler, der mich auf seinen starken Flügeln tapfer durch die Winde trug. Ohne dich wäre ich ein Käfer ohne Beine, ein Blatt ohne Sonnenlicht oder ein Glas ohne Wodka. *Sa jewo sdarowje.*"

Die Babuschka wird achtzig. „Du sollst nochmal so alt werden wie heute und dann erst sterben. Aber nur aus Eifersucht."

Wenn einem gar nichts mehr einfällt, und man auf alles schon getrunken hat, dann erhebt man sein Glas auf die Schuhsohlen, die einen an diesen gastlichen Tisch gebracht haben. *Sa wasche sdarowje.*

Drei russische Winter habe ich jetzt hinter mir, und nach und nach dämmert mir, worauf das alles hinausläuft. Nämlich darauf. Auf sonst gar nichts. Hier will man Freunde um sich haben, Spaß am Leben spüren, Nähe fühlen, alles zusammen machen. Aus der eigenen miesen kleinen Wohnung einen Gastraum machen. Aus dem, was man hat, ein Festessen bereiten, willkommen heißen und selbst willkommen sein.

Die Russen, die ich kennengelernt habe, sind unglaublich spendabel. Hast du heute was, gib es her. Teile, oder schenk es ganz weg. Morgen ist ein neuer Tag. Was dann kommt, wird sich zeigen. Aber heute wird gelebt, gefeiert und geteilt. Morgen teilt jemand seinen Wohlstand mit mir.

Nastja lebte drei Monate lang in Köln, weil eine deutsche Liebe sie dahin gebracht hat. Dann hat sie's bei uns nicht mehr ausgehalten und ist zurückgekehrt. Nastja sagt, Deutschland ist ein Kühlschrank. Ihr hat diese Nähe gefehlt.

„Ich bin Deutsche" heißt auf russisch: *Ja njemka. Njemez,* der Deutsche. Aber diese Worte haben im Russischen nichts mit Deutschland zu tun, denn das heißt *Germania.*

Was also bedeutet *Njemka* oder *Njemez*? Achtung, es folgt eine kleine etymologische Betrachtung, fertig los:

Mitte des ersten Jahrhunderts trafen die Slawen die Germanen. Als die Slawen *sa kampaniju* einen draufmachten, hockten unsere Vorfahren bloß so am Feuer oder Tisch, was weiß ich, und guckten nur.

„*Njm*", sagten da die Slawen zu uns. Das bedeutet: die sind ja stumm! *Njemoi* heißt stumm. Die Deutschen sind in Rußland die Stummen! Mir scheint, das gilt noch heute etwas.

Ich will meine Ruhe haben, ich kann nicht immer alles zusammen machen. Ich will in meinen eigenen vier Wänden sein. Ich will vorher wissen, ob mich einer besucht, und wann. Ich will mich drauf einstellen können. Am liebsten verabrede ich mich mit jemandem im Restaurant. Dann brauche ich nicht zu kochen, und muß danach auch nicht saubermachen.

Siebenmal „ich"!

Hier liegt der Hase im Pfeffer. Hier endlich verbirgt sich vielleicht das, was wir die russische Seele nennen: zu Hause muß man sein, am besten dort, wo man geboren wurde; nun haben wir die Heimat auch mit drin. Wo Freunde auf mich warten, am gedeckten Tisch. Wo man reden kann, *sa kampaniju*. Und singen, auch mal heulen. Dann halten sie einander in den Armen, und werden zu Menschen und haben ihren Sinn gefunden. Dafür leben die Russen.

Ich Deutsche bleibe dann stumm und schau nur zu. Sowas kann ich nicht, nicht so. Aber anschauen darf ich's mir, dabeisitzen und mit anstoßen. Das ist schon Privileg genug.

Spassiba bolschoje, maji padrugi.

Nachwort

Ich bin im Januar 1992 nach Moskau gezogen. Die rote Fahne war zwanzig Tage vorher vom Dach des Kreml geholt und durch die neue weiß–blau–rote Rußlands ersetzt worden. Die Sowjetunion hatte aufgehört zu existieren.

Mein großer Junge war vier, mein kleiner gerade sechs Monate alt. Wir hatten keine Wohnung. Die Zwischenlösung war irgendwas Möbliertes. Den Tag vergesse ich nie, als Peter uns in einen miesen dreckigen Hinterhof führte und auf den vierzehnten Stock zeigte, während Moritz in einen Haufen klebriger Farbreste trat, der neben einer verrosteten Kinderrutsche ausgeschüttet war. Drei Monate haben wir da gehaust.

In dieser Zeit hatte ich keine großartigen Gefühle; weder für diese Stadt noch für die Menschen, geschweige denn für die neue politische Situation.

Ich war zum ersten Mal ohne Job. Mitreisende Ehefrau eines deutschen Fernseh-Korrespondenten, Hausfrau und Mutter.

Als die neue Wohnung endlich gefunden und

eingerichtet war, habe ich acht Monate lang jeden Tag Russisch gelernt. Heute spreche ich immer noch nicht gut. Aber gern.

Ich quassel mich durch, hocke ewig im Wald oder in der Küche. Auf der Datscha, in den Straßen und Geschäften. Und rede. Frage, höre zu und erlebe so die Dinge des Lebens hier in Rußland hautnah mit.

Moskau ist allein in der Zeit, die ich jetzt hier lebe, so anders geworden – ich kann es manchmal selbst kaum fassen.

Wenn ich meine Freunde und Kollegen in Deutschland besuche, wollen die von mir nichts hören über Jelzin, Rutzkoi oder den ganzen andern Kram, den man eh aus Moskau kennt. Sondern wie man hier lebt. Und wie die Russen so sind. Also die ganz normalen Sachen. Darum geht's in diesem Buch.

Es gibt m.E. keine Stadt auf der Welt, die sich momentan so verändert wie Moskau. Deshalb ist manches, von dem hier erzählt wird, schon wieder veraltet. Oder wird es sein, wenn es erscheint. Dennoch bleibt es dem Leser nicht vorenthalten.

Jede Geschichte endet mit ein paar russischen Worten, die einfach so geschrieben sind, wie man sie ausspricht. Ich möchte, daß wir die im Westen so unbekannten Vokabeln mal im Mund haben und auf der Zunge fühlen.

Ich habe den Personen, von denen ich erzähle,

andere Namen gegeben, wenn sie das wünschten.

Viele dieser Geschichten werden seit Mitte 1993 im Radio gesendet – in SWF 3 aus Baden–Baden. Dafür bedanke ich mich besonders bei meinem Freund und Redakteur Rolf Reinlaßöder.

Ich bedanke mich bei allen, die am Entstehen dieses Buches beteiligt waren, sehr herzlich, insbesondere Helmut Greulich, Marianne Schönbach, Olga Barinowa, Jelena Sarutzkaja und Tatjana Saprikina.

Ohne Peter Schreibers Leidenschaft für dieses Land hätte ich Moskau nie erlebt. Ihm danke ich besonders.

Claudia Siebert
Moskau, im Sommer 1994

Übersetzung der russischen Sätze und Wörter

Der Stöpsel: *Eta kaif ili net? Wot daswedanja.*
Das ist toll, oder? Na denn, auf Wiedersehen.

Das Telefon: *Eta totschna tak.*
Das ist genau so.

Sockenfach und Brotkante: *Mnje plevat.*
Ich pfeife drauf.

Das Türschloß: *Da, eta tak.*
Ja, das ist so.

Patschemu – Warum?: *Patschemu? Paetamu.*
Warum? Darum.

Mein Milchmann: *Nadejus, on nje adstupit.*
Hoffentlich gibt er nicht auf.

Wir kaufen ein Auto: *Kakaja krassiwaja maschina!*
Was für ein schönes Auto!

Reich und arm: *Eta bila schtota!*
Das war was!

Tanken: *Eta bisnjess.*
Das ist Business.

Das Weinregal: *... kontrol lutsche. Sitschass ja eta snaju.*
... Kontrolle ist besser. Das weiß ich jetzt.

Die Stromrechnung: *Eta ni wasmoschna.*
Es ist nicht zu fassen.

Verkehr: *Schissliwawa puti.*
Gute Reise.

Natalia: *Atwaschnaja bjednjaschka.*
Tapfere arme Frau.

Fleisch: *Gospodi, kak uschasna!*
Gott, wie schrecklich!

Die Datscha: *Wui snajete ob etom. No mui na Sapadje njet.*
Ihr wißt das doch, wir aus dem Westen nicht.

Russischer Müll: *Bednaja Rossia.*
Armes Rußland.

Westautos im Osten: *Sdjes mnoga bagatich ljudei.*
Hier gibt es viele reiche Leute.

Bausatz mit Schrauben: *Slava pribili!*
Es lebe der Profit!

Die Wohnungsfrage: *Bulgakow geni.*
Bulgakow ist ein Genie.

Russische Männer: *No etat Marosow tosche napilsja.*
Aber dieser Marosow hat auch viel getrunken.

Bestechung: *Kto snajet?*
Wer weiß das?

Russischer Winter: *Ja nikakda ni paimu.*
Ich werde das nie verstehen.

Mein Lada-Niva: *Eta ja ni dumala.*
Das habe ich nicht gedacht.

Nur ein paar Schuhe: *Ja ljublju tebja.*
Ich liebe dich.

Ungeziefer: *Charoschij maltschik.*
Guter Junge.

Russische Pausen: *Prafilaktitschiskije raboti. Fsjo.*
Prophylaktische Arbeiten. Das ist alles.

Parken: *Spakoini notschi, Rossia!*
Gute Nacht, Rußland!

Der achte März: *At duschi!*
Von Herzen!

Das Schwimmbad: *Wchaditje.*
Kommen Sie rein.

Geschenke: *On bolsche nikagda nitschewo nje wasmjot w padarak.*
Er wird sich nie wieder etwas schenken lassen.

4. Oktober 1993: *Ani bajaza.*
Sie haben Angst.

Mein Küchenfenster: *Bud sdarow, amerikanjez.*
Bud sdarow.
Auf dein Wohl, Amerikaner. Auf dein Wohl.

Schikane: *Dat na lapu.*
Gib's auf die Pfote. (In Zusammenhang mit Bestechung übliche Redewendung)

Klawdijuscha: *No u menja prosta inakda taska ka rodinje.*
Aber ich habe nur manchmal Heimweh.

Schwiegermütter: *Ja nje snaju, patschemu u nas fsjo jest.*
Ich weiß nicht, warum wir alles haben.

Aber glaube das nicht!: *Welikalebnaja ideja, da?*
Hervorragende Idee, oder nicht?

Die reichen Russen: *Naglast – Ftaroje stschastje.*
„Frechheit ist das zweite Glück." (Russische Redewendung)

Die ersten freien Wahlen: *Fsjo tagsche, kak fsigda.*
Alles wie gehabt.

Was kostet die Welt: *Eta nada ismenit!*
Das muß anders werden!

Russische Wunder: *Ili njet?*
Oder nicht?

Medizin: *Uschasna!*
Schrecklich!

Wasserschaden: *Eta tak. Tschort te schto!*
So isses. Teufel noch mal!

Russische Touristen: *Eta budijet totschna tak.*
Es wird genau so werden.

Die letzte Geige: *Eta klas.*
Das ist toll.

Sa kampaniju: *Spassiba bolschoje, maji padrugi!*
Herzlichen Dank, meine Freunde!